JN011823

言語景観から学ぶ日本語

磯野英治 著

大修館書店

まえがき

皆さんのまわりにある看板や掲示物，ポスターやチラシ，ステッカー，そこに書かれている言葉を意識したことはありますか。これらに書かれている文字言語を「言語景観」，“Linguistic Landscape”と言います。街で生活している皆さんは，毎日この言語景観に触れていることになります。また日本だけではなく，世界中で言語景観を目にすることもできます。そして，そこに書かれている言葉やピクトグラム，記号，デザインに注目することによって，言語や異文化コミュニケーションの勉強にもなるのです。

本書は，このような身近に存在する言語景観を活用して，一言語としての「日本語」を段階的に学びながら，同時に日本語を通じた言語学的な物の見方の初歩や，異文化コミュニケーションが学習できるように編まれました。街中にある看板やポスター，ラベルやステッカーといった書き言葉がレアリアなどとして授業の一部に活用されることはこれまでにもありましたが，自然と目に入るこれらの身近な書き言葉を「言語景観」と定義した上で教育に利用するためのまとまった教材はありませんでした。本書は，1科目，1コースとして成立する学習書として作られた初めての書籍です。

本書では，街中にある言語景観を「公共表示と民間表示の違い」「使用語彙の多様性とその効果」「ピクトグラム・記号」「語用論的使用」などのようにテーマ別に学ぶことができます（各レッスンのテーマは「易→難」）。その中で一連のユニット活動や問題演習を行うことによって，当たり前のようにある日本語の特徴や背景，問題点を客観的に捉え，自身でそれらを説明する力をつけていくことができるでしょう。こうした形で，本書は皆さんの様々な言語・文化学習を支援します。

それを支えるカリキュラムは，導入としての「序章　言語景観の勉強を始める皆さんへ—言語景観とは何か」，具体的な学習ができるレッスン１～15（考え方・実践篇・応用篇），展望としての「終章　言語景観研究のこれから」のように編成し，副教材としてビデオ教材『言語景観で学ぶ日本語』（序章を参照），加えて教師用資料*も用意しました。このため授業，自学自習のどちらにも対応可能な一冊となっています。

言語景観は人が作り出したものであり，その地域や国，社会の言語・文化を生き生きと表したものです。皆さんがそのような言語・文化への理解を備えた国際人を目指すための一助となれば幸いです。

*教師用資料については，大修館書店編集部（連絡先は奥付参照）にお問い合わせください。

目次

言語景観から学ぶ日本語

序章

言語景観の勉強を始める皆さんへ

―言語景観とは何か―

1. 言語景観とは

本書『言語景観から学ぶ日本語』はその名の通り，言語景観に表れる言葉に様々な方法でアプローチして分析・考察する力をつけることを目的とした学習書です。

言語景観は，公共空間にあり，不特定多数に向けられている，受動的に視野に入る書き言葉を指します。その対象となるのは看板，掲示物，ポスター，ラベル，ステッカー，シールなど様々です。言語景観（Linguistic landscape）は「特定の領域または地域の公共的・商業的表示における可視性と顕著性（はっきりと視界に入るもの）」（Landry & Bourhis 1997）と定義されているほか，日本でも Inoue（2005）や庄司ほか（2009）によって論じられており，外国語を含む多言語景観を「公共の場においてさまざまな形で知覚される，外国語が複合的に形成する」（庄司ほか 2009）ものと位置づけています。言語景観は，端的には公共空間にあること，そして可視的であること（つまり書き言葉）という二つの条件が必要であり，街中のあらゆる表示が対象となると言えます。

そして，言語景観は公共表示と民間表示に分けられます。公共表示とは皆が使用するような公共的な空間にあって商用を含まないもの，例えば街にある役所や図書館，空港や駅，道路，バスやタクシーに見られる商用を含まない言語景観を言います。それに対して民間表示とは商用のもので主に商業店舗や施設に見られる表示，例えば飲食店やデパート，コンビニエンスストア，公共施設にある商品ポスターなどに書かれている表示のことを言います。ロング（2010）や磯野（2011a, b）を参考に，より具体的な例として表1を見てみましょう。

表1　言語景観の定義・対象

言語景観の定義	a. 文字言語（視覚的）であって，音声言語（聴覚的）ではない。 b. 公的な場に見られる文字言語であり，私的なコミュニケーション（個人間で交わされる手紙やメールなど）ではない。 c. 不特定多数の読み手に向けて発せられるもので，特定の個人宛てに書かれたものではない。 d. 自然に，あるいは受動的に視野に入るもので，意識的に読まなければならないもの（手にとって読む雑誌の中の記事など）ではない。
言語景観の分け方	a. 公共表示：公共施設，公共利用物にある商用ではない表示（空港・駅・道路・電車・バス・タクシー・商業施設内のトイレ表示など） b. 民間表示：公共施設や街中にある商用表示（店舗や企業の広告）
対象	看板，掲示物，ポスター，ラベル，ステッカー，シール，のぼりなど

街で生活していれば，皆さんは毎日この言語景観に触れていると言えます。また日本だけではなく，世界中で日本語を目にすることもできることを知っているでしょうか。そして，その日本語を通じて，公共表示と民間表示の違いや日本語の役割，言語と経済の関係や社会的背景など

様々な特徴に気づき，分析する力をつけることができるのです。

皆さんの住んでいる地域には，どのような日本語の言語景観がありますか。本書では，言語景観を通してどのように日本語を勉強できるのか，その方法を解説しながら，日本と外国に見られる日本語の言語景観を学習していきます。

2. 日本国内の言語景観

日本国内の言語景観は，外国人集住地域に見られる外国人が作ったものを除き，そのほとんどは日本人が作ったものです。しかし，日本語のみの単独表記になっているものだけではなく，例えば首都東京をはじめとする大都市の公共表示は「日本語・英語」の二言語併記や「日本語・英語・中国語・韓国語」の四言語併記が主流であり，全国的にも都市部では，この標準タイプと呼ばれる四言語併記のものがよく見られます（地域によっては韓国語と中国語の順序が逆になります）。また，民間表示でも外国人観光客への便宜や拡販目的，そして定住外国人向けの多言語化が進んでいます。つまり，日本国内の国際化，多民族化に伴う多言語化（内なる国際化）が加速していると言えます。これら外国語が併記してある言語景観は「多言語景観」と呼ばれます。

また日本国内の言語景観は，日本語母語話者の日本語のゆれ（例：レッスン3　音声と表記「スイーツ」「スウィーツ」），日本語非母語話者には分かりにくい語彙（例：レッスン5　使用語彙の多様性とその効果「ミスる」），社会的背景の表出（例：レッスン14　社会的背景や使用意図「イクメン」）など，様々な観点から分析が可能です。

国際的なイベントの開催，経済連携協定（EPA: Economic Partnership Agreement）や特定技能制度などの政策・制度に伴う環境整備と関連して転換期を迎えている日本の国際化の進行に伴い，多言語景観や母語話者が作る興味深い諸特徴を持つ言語景観も増加していくことでしょう。

3. 海外の日本語の言語景観

海外で見られる日本語の言語景観は，そのほとんどがその国あるいは地域にいる日本語非母語話者が作ったものです。そして，日本語の言語景観が見られる範囲も，空港や駅などの公共表示，日本人観光客がよく訪れる観光地や日本人定住エリアの公共・民間表示が中心であり，その他として日本（日本食，日本製品，日本文化など）を売りにする店舗が点在しているといった状況です。日本語の言語景観は韓国を筆頭に，中国や台湾，タイ，インドネシアなど，東アジアや東南アジアの都市を中心に数多く見ることができます。また，東アジアや東南アジアよりも数は少なくなるものの，アメリカやブラジル，ヨーロッパに点在する日本人定住地域（日本人街）には，飲食店を中心とした日本語の言語景観が少なからずあります。

海外の日本語の言語景観の主な特徴のひとつとして挙げられるのは「間違えている日本語」（レッスン7　正用と誤用）や「不自然・不適切な日本語」（レッスン8　適切性・自然さ）です。これらは韓国やインドネシアなど，東アジアや東南アジアの国々に多くありますが，日本語非母語話者が作っているので，ある意味で仕方のないことであり，むしろ現地語の分からない日本人に対する製作者の配慮を敬意とともに念頭におくべきでしょう。しかし，それとは別のレベルの話として，これらに気づき，何が原因で間違えたのかを考え「正しい日本語」「自然・適切な日本語」に直す練習は，日本語を学習する外国人，そして日本語母語話者にとって有用な学習手段となります。

またその他にも日本語そのものがおしゃれな雰囲気を演出するための手段や道具として使われていたり（レッスン9　役割・多様性），言語の経済的・政治的・文化的影響力が多言語景観から分かる（レッスン10 言語と経済）など，海外の日本語の言語景観から得られる知見は多くあります。グローバル化の加速する現代社会では，今後も日本語の言語景観を世界各地で発見する機会がありそうです。

4. ビデオ教材『東京の言語景観―現在・未来―』について

西郡仁朗・磯野英治 監修 ビデオ教材『東京の言語景観―現在・未来―』東京都アジア人材育成基金，2014年10月.（東京都オリンピック・パラリンピック準備局多言語化対応協議会に掲載。https://www.2020games.metro.tokyo.lg.jp/multilingual/index.html）

ビデオ教材『東京の言語景観―現在・未来―』は，本書のもとになった教材のひとつです。このビデオ教材の制作目的は，(1) 日本国内外の教育・研究者が教材や研究用資料として視聴でき，(2) 実際に日本語教育関係の授業に導入すること，の2点であり，日本語教育に言語景観を活用する目的で制作された初めての視聴覚教材です。内容は，2020年開催予定のオリンピック・パラリンピック東京大会に関連させて東京都の言語景観の諸特徴に言及するものであり，公共表示の多言語状況から何が分かるか，民間表示からどのような地域の特徴や社会的背景が読み解けるのか，といった「観点の習得」に主眼が置かれています。構成は，「言語景観とは何か」についての概説，2014年現在の東京都の公共表示と民間表示の状況（共通性と多様性），東京都オリンピック・パラリンピック準備局による多言語対応についてのインタビューから成っています。このビデオ教材は，8言語による外国語字幕版も同時に制作を行っており（英語・中国語（簡体字・繁体字）・韓国語・インドネシア語・ベトナム語・モンゴル語・フランス語），教育機関での活用や社会への情報提供のために，動画共有サービス YouTube で無償公開しています。

表2 『東京の言語景観―現在・未来―』の概要

目的	①国内外の上級日本語教育や日本語教育学，社会言語学のための教材・研究用資料としての活用 ② 2014年現在の東京都における言語景観の把握

内容	①言語景観に関する概説 ②公共表示の多言語対応 ③民間表示の多様性と言語景観の読み解き方（若者の街渋谷・下町浅草） ④ 2020 年オリンピック・パラリンピック東京大会に向けた東京都へのインタビュー
活用場面・映像の時間	コース，科目の中で必要に応じて適宜活用：1 本の教材ビデオとして約 13 分
公開方法	YouTube https://www.youtube.com/watch?v=NHV338g_NBo

このビデオ教材は，特に本書のレッスン 1「言語景観の概論（定義・対象・観点）」，レッスン 2「公共表示と民間表示の違い」，レッスン 4「使用文字の多様性とその効果」，レッスン 5「使用語彙の多様性とその効果」について参考となる教材なので，ぜひ参照してください。

5. ビデオ教材『言語景観で学ぶ日本語』について

磯野英治・西郡仁朗 監修 ビデオ教材『言語景観で学ぶ日本語』
2017年度〜2019年度科学研究費若手研究（B）研究課題番号17K13490「言語景観を教材とした社会文化的理解を目指す内容重視型日本語教育の研究」（研究代表者：磯野英治），2019年11月.

ビデオ教材『言語景観で学ぶ日本語』は，本書と連携している視聴覚教材です。ビデオ教材の1〜15回は，本書のレッスン1〜15と全てセットになっています。このため，本書を使用する際に，このビデオ教材の活用が学習効果を高める仕組みになっており，本書が主教材，ビデオ教材が副教材という位置づけです。

街中にある看板やポスター，ラベルやステッカーといった書き言葉がレアリアなどとして授業の一部に活用されることはこれまでにもありましたが，自然と目に入るこれらの身近な書き言葉を「言語景観」と定義，明記したまとまった論考や教材はこれまでにありませんでした（磯野・西郡2017）。その中でこのビデオ教材は，言語景観を素材として日本語教育や異文化コミュニケーションに活用できる「まとまった教材」を目指し，制作されました。具体的には言語景観を活用した教育を「1科目」として位置づけ，学期中の毎回の授業で使用できるよう「毎回の授業の冒頭で使うその日のテーマに沿ったショートビデオ（3〜5分）×全15回」を1本のビデオとしてまとめています。ビデオ教材のターゲットは日本語教員・学習者（主に上級）を中心に，教養・専門科目の「社会言語学」や「異文化コミュニケーション」などの科目にも活用することを視野に入れています。

表３　『言語景観で学ぶ日本語』の概要

目的	①国内外の上級日本語教育や日本語教育学，異文化コミュニケーション，社会言語学のための教材・研究用資料としての活用 ②国内外の日本語の言語景観の把握
内容	①言語景観に関する概説 ②公共表示と民間表示の違いや観点 ③音声学・音韻論や語用論など，分野ごとに分類された言語景観の概論
活用場面・映像の時間	毎回の授業の冒頭，あるいは途中でその日のテーマに沿ったショートビデオ（3～5分）×全15回：1本の教材ビデオとして約32分
公開方法	名古屋商科大学 磯野英治研究室 http://opinion.nucba.ac.jp/~isono/

表４　『言語景観で学ぶ日本語』の構成

0 オープニング	第1回	第2回	第3回	第4回	第5回
街中にある言語景観への気づき	言語景観の概論（定義・対象・観点）	公共表示と民間表示の違い	音声と表記	使用文字の多様性とその効果	使用語彙の多様性とその効果
第6回	第7回	第8回	第9回	第10回	第11回
ピクトグラム・記号	正用と誤用	適切性・自然さ	役割・多様性	言語と経済	方言使用と都市・地方

第 12 回	第 13 回	第 14 回	第 15 回	16 エンディング
外国人集住地域と国際化・多民族化	電気・サブカルチャーなど特定分野における街の表記	社会的背景や使用意図	語用論的使用	・ビデオ教材で扱わなかった観点の紹介 ・2020 年オリンピック・パラリンピック東京大会や 2025 年大阪・関西万国博覧会への言及と多言語社会，国際化の展望

上記の表 3，4 を「制作の目的」「ターゲット・使用者」「使用方法」の観点からまとめると以下のようになります。

(1) ビデオの制作の目的

言語景観を素材（手段）として，日本語教育や異文化コミュニケーションなどの科目で「1 科目として活用できるビデオ教材」を制作。

(2) ターゲット・使用者

ビデオ教材のターゲットは日本語学習者（主に上級），教養・専門科目の「社会言語学」や「異文化コミュニケーション」などの科目を受講する日本人学生や留学生，あるいはそれらの科目を担当する教員。

(3) ビデオ教材の使用方法

日本語を勉強する学習書，問題集として自学自習を行う際に本書を活用する場合は，ビデオ教材を視聴し，おおよその理解に役立ててから，関連する言語景観を自身で収集し，分析。

教員が授業で使用する場合は，毎回の授業の冒頭，あるいは途中でその日のテーマに沿ったショートビデオを流し，当該テーマの「理解」や「理解の確認」に活用。テーマの「理解」に活用する場合は，授業の冒頭でビデオを流した後でディスカッション，「理解の確認」に使用する場合は，授業の導入では「この言語景観から何が分かるか」といったケースを提示し，ディスカッションや挙手を求めた上でビデオによる理解の確認，など導入するタイミングは何通りも考案可能。また，ビデオによる学習は課題として自学自習に回し，授業ではビデオ視聴後の授業前に収集したデータに基づくディスカッションと意見交換，プレゼンテーションを中心に行って，反転学習を含むアクティブ・ラーニングを行うなど，教育方法の観点からも様々な教育実践が可能（教師用資料【教室活動】を参照）。

第1回から15回のテーマは「易→難」となっています。つまり本書のレッスン1～15と同様の仕様になっているということです。第1～7回までは，その言語景観を見ればどこが特徴的であるのかが比較的すぐ分かる明示的なテーマであり，それ以降のテーマは国や地域や社会に関する知識，文化的な背景や人々の言語意識への観察力，語用論的な分析力が必要となるという構成です。いずれのテーマにも通底しているのは「身近に存在する日本語を中心とした言語景観から何が分かるかを学びながら，（目標言語である）日本語で授業や学習を行い，その観点や授業活動を通じて，ディスカッションやプレゼンテーションの技術を学ぶ」ことです。

このビデオ教材は，英語による字幕を入れ，世界中の教育機関で活用していただくために，また社会への情報提供のために，動画共有サービスYouTubeで無償公開しています。本書で学習する際には，授業や自学自習のための有益な助けとなります。ぜひアクセスしてみてください。

レッスン 1

言語景観の概論

（定義・対象・観点）

考え方

レッスン1では，言語景観の定義・対象・観点について整理していきましょう。

言語景観は，「文字言語で視覚的な情報であり，公的な場で不特定多数の読み手に対して発せられる，自然に，あるいは受動的に視野に入る書き言葉」と定義されます。最も基本的なことは，文字言語であって音声言語ではなく，意識的に読まなければならないものではないということです。

表1　言語景観の定義

a. 文字言語であって音声言語ではない。
b. 公的な場で不特定多数の読み手に対して発せられるもので，私的なコミュニケーションではない。
c. 自然に，あるいは受動的に視野に入るもので，意識的に読まなければならないものではない。

対象となるのは，看板や掲示物，ポスターやチラシ，ステッカーや注意書きの小さなシールなど様々です。そして，日本語の言語景観は日本だけで見られるものではなく，アジアを中心とした世界中の国々で目にすることができます。

日本国内の言語景観

外国の日本語の言語景観（韓国）

このレッスンでは，身近にある言語景観に気づき，どのように観察すればよいのかを練習していきましょう。

実践篇

問題１

言語景観は看板や掲示物，ポスターやチラシ，ステッカーや小さなシールなど様々です。そして，言語景観に見られる日本語も多様だと言えるでしょう。特に注意書きや禁止などの働きかけを表す言語景観は，様々な表現形式があり，複雑です。上の三つの言語景観は同じ場所に並べて貼ってあったものですが，どのような表現形式が使用されているでしょうか。またどのような分野でこのような言語景観が見られるでしょうか。

問題２

日本国内には，日本語以外の様々な多言語景観も見られます。東京の新大久保にあるこの店舗の掲示物では，日本語に注目しながら，外国語にも注目してみましょう。どのような特徴や背景が考えられるでしょうか。

問題3

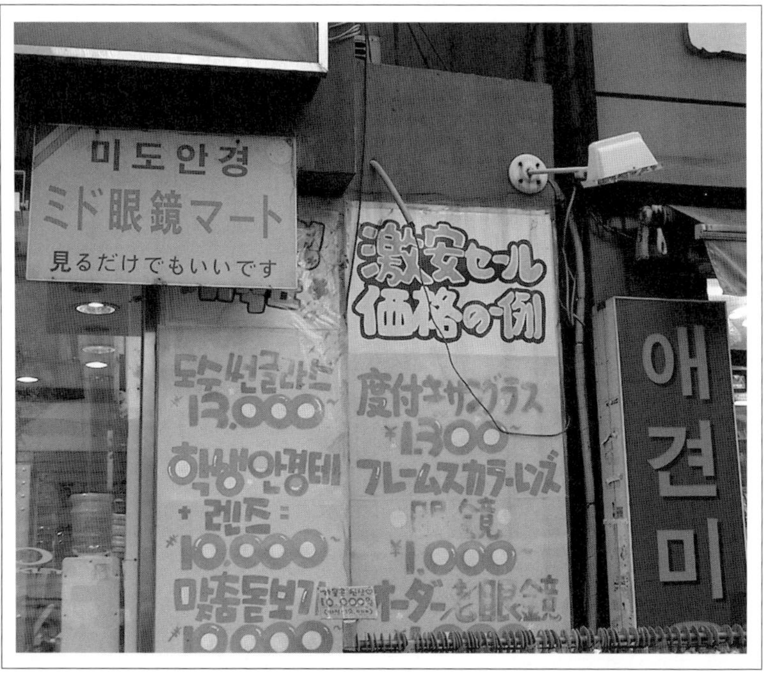

アジアを中心とする世界中の国々でも，日本語の言語景観を多く見ることができます。例えばこの看板は韓国の釜山にある眼鏡屋の案内表示で韓国語と日本語が併記してあります。このように海外で日本語の案内が書いてある言語景観は，どのような業種・店舗に多いのか考えてみましょう。

●問題1を解くヒント

例えば，国土交通省によるガイドラインでは「利用者の行動を規制するのに必要なサイン」を「規制サイン類」としています（※ここでのサインとは空港や駅，道路や公園，施設などに掲示されている案内表示や看板などのことで，本書では言語景観と同義に扱います。国土交通省（2002）参照)。これらを含む公共・民間表示に見られる人々への注意や指示，禁止を示す働きかけ機能の表現形式は，語末や文末に注目してみましょう。例えば「危険」や「注意」は名詞単独型，「危険です」は陳述型，「はじめよう」は勧誘型など，様々な表現形式に分類できます。また，アナウンスなどの音声だけではなく，文字で示す必要性がある場合や文字でアピールしたい場合（「この先は行き止まりです」など）に言語景観として現れやすくなります。注意書きや禁止表現の言語景観について，他にどのようなものがあるか想像して分類してみましょう。

●問題2を解くヒント

日本国内には外国人が集住して暮らしている地域が多くあり，そこには日本語とともに，定住している外国人向けの外国語が併記されている言語景観が見られます。これらの言語がそれぞれ誰（どこの国の人）に向けられて表記されているのか，どのような人々が暮らしているのかを言語景観から考えてみましょう。この問題では首都東京にある代表的な外国人集住エリアである，大久保，新大久保に関係する国を併せて調べてみましょう。

●問題3を解くヒント

海外に見られる日本語の言語景観も原則的には問題2と同様の観点から考えることができます。それに加えて，日本人観光客向けの言語景観が見られることも併せて考えてみましょう。この問題にある店舗はどちらに該当する店舗でしょうか。

応用篇

◇課題 1

将来的に日本国内でどのような言語景観のニーズが増していく可能性があるかを，注意書きや禁止表現，案内やサービスの観点から具体的に考えて，その場所と言語景観のセットを作ってみましょう。

◇課題 2

レッスン１の問題１で分類した言語景観の写真を撮って，その意図や必要性，社会背景をプレゼンテーション資料・レポートとしてまとめてみましょう。

<u>レッスン 2</u>

公共表示と民間表示の違い

考え方

レッスン2では，言語景観を大きく二つに分けて考えていきましょう。

言語景観は公共表示と民間表示に分けられます。公共表示とは皆が使用するような公共的な空間にあって商用を含まないもの，例えば街にある役所や図書館，空港や駅，道路，バスやタクシーに見られる商用を含まない言語景観を言います。国土交通省（2002）では「公共サイン」を誘導サイン類，位置サイン類，規制サイン類，案内サイン類に分類しており，自治体や公共機関なども様々なガイドラインを設定していますが，ここではそれらを含む公共性の高いものをより広義に公共表示とします。それに対して民間表示とは，商用のもので主に商業店舗や施設に見られる表示，例えば飲食店やデパート，コンビニエンスストア，自動車販売店や電気店，公共施設にある商品ポスターなどに書かれている表示のことを言います。

公共表示と民間表示はそれぞれ役割が違うので，これらを分けて考えることが必要です。まず日本の公共表示では日本語だけということは少なく，日本語と英語の二言語表記や中国語や韓国語も含めた四言語表記が主流です。例えば駅構内の案内表示，切符売場やトイレなどの多くは四言語の多言語表記になっています。国際語としての英語，地理的に近く互いに影響しあうという「地理的近接効果」によって中国語と韓国語が見られます。日本語，英語，中国語，韓国語の併記はその順序も含め「標準タイプ」とも呼ばれます。その地域を訪れる外国人観光客や定住者の多さによっては，これと異なる多言語表示も珍しくはありません。

これに対して民間表示は，顧客のニーズや年齢，性別などによって様々な工夫がされています。例えば，若者向けの言語景観では，あえてカジュアルな話し言葉で表現したり，漢字で書くところをひらがなやカタカナで書いたり，縮約形を使用することによって，商品への近づきやすさや実際の買いやすさを演出しています。

日本の公共表示

外国の公共表示

日本の民間表示

外国の民間表示

もちろん，海外に目を向けてみると，例えば韓国や中国，インドネシアなどでもその公共表示と民間表示に日本語を見ることができます。このレッスンでは，国内外の言語景観を公共表示と民間表示に分けて，その特徴を捉える練習をしていきましょう。

実践篇

問題 1

海外の公共表示でも日本語の言語景観を多く見かけます。これはインドネシアにある国際空港の案内表示です。中国と韓国で見られる日本語表記に関しては，地理的近接効果の影響が考えられそうですが，インドネシアの日本語表記はそうではなさそうです。どのような理由や背景からこのように日本語が見られるのでしょうか。

問題 2

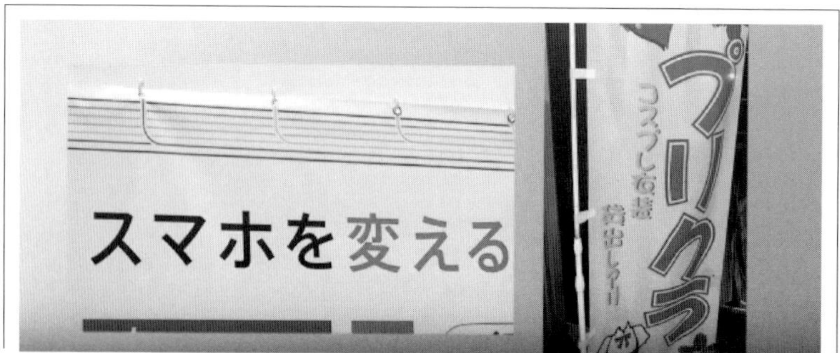

民間表示としての言語景観は，主に商業店舗に見られ，国内外で多様な日本語を観察することができます。ここでは特にその表現に注目してみましょう。一つめと二つめの言語景観は日本国内，三つめの言語景観は韓国ソウルのものです。三つとも商業店舗の言語景観であることに変わりはないのですが，その日本語の表現には違いが見られます。こういった例を手がかりにして想像できることは何でしょうか。日本語表現（縮約形や話し言葉・書き言葉など）の比較や，日本語を書く必要のある店舗（主に外国の店舗）の観点から考えてみましょう。

●問題１を解くヒント

インドネシアの都市には日本語が多く観察されますが，地理的近接効果ではなく，それ以外の要素を考える必要があります。インドネシアの政策，日本の経済や社会的影響力，文化交流など社会的な背景や実情を調べてみると分かりやすくなります。キーワードとして，日本・インドネシア経済連携協定（JIEPA: Japan-Indonesia Economic Partnership Agreement)，日系企業，インドネシアを訪れる日本人数，日本語学習者数，JKT48などを調べてみましょう。

●問題2を解くヒント

日本語母語話者の作る言語景観には，意図的にカジュアルな話し言葉で書いていることのみならず，縮約形やカタカナ・ひらがな表記（通常表記とは意図的に変えて表現しているもの）が見られます。これに対して海外に見られる言語景観はどうでしょうか。海外の日本語の言語景観を調べたり，海外に住んでいる日本語非母語話者の立場で考えてみましょう。また，海外の言語景観に見られる日本語はどの程度の内容（商品名・商品の内容・店舗名・店舗の内容やメニュー・評判など）まで書いてあるのかを日本国内の言語景観と比較して考えてみましょう。

応用篇

◇課題1

訪日外国人観光客数，在住外国人数を調べてみましょう。その上で，これから日本に住む外国人が増加していくと予想される中で，日本の公共表示やアナウンスはどうなっていくか，どうなっていくべきかを「英語表記の増加」「英語以外の多言語化」「やさしい日本語」「ピクトグラム（絵文字）」の観点から考えてみましょう。

◇課題2

レッスン2で学んだ日本国内の民間表示の言語景観を収集して，面白い点や興味深い特徴をプレゼンテーション資料・レポートとしてまとめてみましょう。

レッスン３

音声と表記

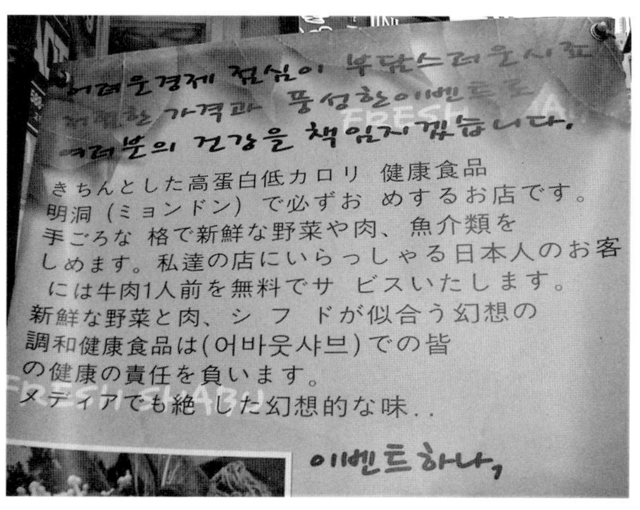
어려운경제 점심이 부담스러운
가격과 풍성한이벤트로
분의 건강을 책임지겠습니다.
きちんとした高蛋白低カロリ 健康食品
明洞（ミョンドン）で必ずお めするお店です。
手ごろな 格で新鮮な野菜や肉、魚介類を
しめます。私達の店にいらっしゃる日本人のお客
には牛肉1人前を無料でサ ビスいたします。
新鮮な野菜と肉、シ フ ドが似合う幻想の
調和健康食品は(어바웃샤브)での皆
の健康の責任を負います。
メディアでも絶 した幻想的な味..
이벤트하나,

考え方

レッスン3では，日本語の音声をどのように表記するのかについてみていきます。

日本語は清音44，拗音を除いた濁音・半濁音は23，拗音は33，それらに「ン」を加えて101の音声（声に出した時の音）から構成されています。さらに外来語として使用されている音声（ファ，ティなど）が取り入れられて，厳密に数えることは難しいものの120前後の音声で人々は生活をしていると考えることができます。漢字を別にすれば，これらができるだけあるがままに記述されて，ひらがなやカタカナ，アルファベットの表記で言語景観として表れるわけです。しかしながら，日本語の音声を日本語で表記するのは，実はそれほど単純なことではありません。日本語母語話者にとっても，複数の書き方が可能な場合にゆれが生じる場合がありますし，特に外国人にとっては意外に難しいのです。

雑貨店の看板（韓国）

例えば，これは韓国にあるアクセサリーや化粧品，キッチン用品を扱う雑貨店の看板なのですが，「ペブリック，キッチン用品」と書いてあります（読点「,」は「・」とすべきもので，誤用と考えられます）。韓国では，英語の“public”を外来語として使う場合「ペブリック」「ポブリック」に近い音声（퍼블릭）で発音します。このため，それをそのまま文字として表現しているわけです。もちろん日本語では「パブリック」が一般的です。この他にも，インドネシアの国際空港では「空港セキュウリティ」と表記されているなどの例があります。

このような例は，外国人が日本語の音声を聞いたり，日本語で使用されている外来語を知った上でどのように表記するかというのは難しい問題であることを示しています。

外国人にとって日本語の音声，あるいは日本人の話す音が難しく感じられるポイントは多様ですが，音声を表記する難しさを理解する観点はおおよそ下記のようにまとめられるでしょう。

(1)　拍と音節　例：わたし（3音節・3拍）／おとうさん（3音節・5拍）

※拍は日本語で最も基本的な最小のリズム単位です。それぞれの拍は全て同じ長さだと認識されています。一方，音節は，前後に切れ目があって，ひとかたまりになった発音可能な最小の音声連続の単位で，「とう」「さん」はそれぞれ一つの音節になります。

(2)　清音と濁音　例：目（め）＋薬（くすり）＝目薬（めぐすり《連濁》）

※連濁は二つの語が結びついて複合語になる（一語になる）際に，後ろの語（後部要素）の語頭の清音が濁音に変化することです。中国語のように清音と濁音の概念がなく，その代わりに，下記の有気音と無気音が弁別特徴になっている言語もあります。

(3)　特殊拍（長音「ー」・促音「っ」・撥音「ん」）　例：来て（きて）／切手（きって）

(4)　有声音と無声音　例：せいと（生徒《無声破裂音》）／せいど（制度《有声破裂音》）

※有声音は声帯の振動を使って（喉から声を出して）発音される音，無声音はその反対で口だけで音を出している，例えばささやき声などです。破裂音は調音器官（口腔内）を閉鎖して呼気を止めたのち，急に開放して発する音のことを言い，日本語では無声音の［p］［t］［k］，有声音の［b］［d］［g］がこれにあたります。日本語では有声子音・無声子音が弁別的特徴になっています。

(5)　有気音と無気音　例：たたみ（畳《語頭の「た」は有声有気，二番めの「た」は無声無気》）

※有気音は，子音を発音する際に肺からの空気が声門を通って放出され息の音が聞こえるもので，その反対が無気音です。例えば「カタ（肩）」語頭のカは有気音，「シカ（鹿）」のカが無気音になります。

(6)　現地語と日本語の当該音声が似ていることによる混乱　例：韓国語で「コピ」（←コーヒー）

一方，日本人が書いてもその表記にゆれが生じることがあります。例えば甘い菓子を示す外来語は「スイーツ」「スウィーツ」などいくつかの書き方が見られます。同様に「パーティ」と「パーティー」，「バック」「バッグ」などや，漢字で書くかひらがなで書くか（「一つ」「ひとつ」），どの漢字を使うか（「十分」「充分」），どの数字で表記するか（「二十」「二〇」「20」），など，このようなゆれのある表記は言語景観の中で少なくないようです。このレッスンでは，外国人が作った言語景観に見られる誤用と，日本人が作った言語景観の表記のゆれについて，勉強していきましょう。

実践篇

問題１

これはインドネシアにある国際空港の案内表示です。日本語部分に注目して，音声を文字化した時の間違いの理由や背景を考えてみましょう。

問題２

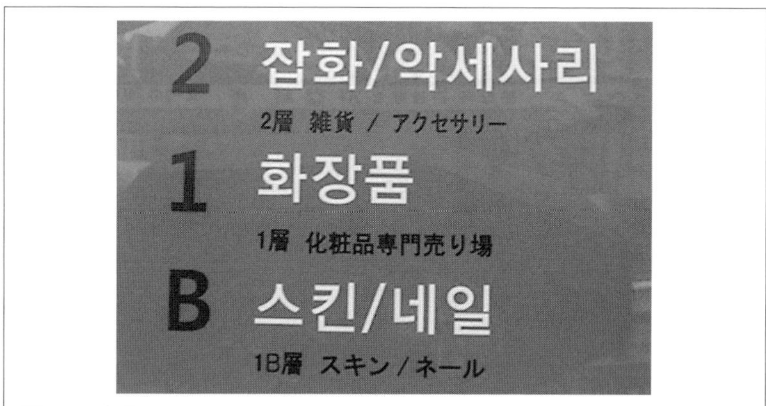

これは韓国ソウルにあるビルの入り口にある各階の店舗案内です。日本でのふつうの表記と違うものを探し，そのような表記になった背景を考えましょう。

問題 3

これは同じく韓国ソウルにある飲食店の看板なのですが，日本では見られないような言語景観となっています。なぜこのような看板が作られたのか，その背景と理由を考えてみましょう。

問題 4

これらはそれぞれ，日本国内の飲食店や商品，案内の言語景観です。「表記のゆれ」に注目して，他の表現がないか考えてみましょう。

●問題１を解くヒント

これは「手荷物引き渡し所」の案内表示です。「品物損害クラーム」は英語の“Baggage claim”を日本語に訳そうとしたのだと思われます。しかしながらBaggageが「品物」になっているのに加えて，claimを「問題が起こったときの要求・請求」の意味に訳してしまっています。

以上は「誤訳」の問題ですが，ここではインドネシアで見られる言語景観ということに注目し，インドネシア語でアルファベットを読んだ際の音声についても考えてみましょう。“Baggage claim”を日本語表記にするとしたら，どのような表現が適切でしょうか。日本語（漢字とひらがなの表記）と外来語（カタカナ表記）の両面から考えてみましょう。インドネシア語の“Pengambilan bagasi”を併せて調べてみましょう。“bagasi（バガシ）”は“baggage”からきており，“a（エイ）”を“ア”のように読むことから，“claim”の読み方にも注目しましょう。

●問題２を解くヒント

この問題では，外国人が日本語を書く際の長音の扱いの難しさを扱っています。日本語では通常こう書かないという表記が一箇所見られます。英語の“a”をエイと読むときは“mail”＝メールのように表記するのが基本ですが，例外もあります。

●問題３を解くヒント

日本語の送り仮名には，一つの語に対していくつかの書き方がある場合があり，辞書にも掲載されています。日本語を勉強する学習者が辞書を調べる場面を想像してみましょう。

●問題４を解くヒント

カタカナ表記の外来語では表記の多様性があります。外来語以外の日本語の案内では，送り仮名に注目してみましょう。

応用篇

◇課題 1

外国人が耳にしてその音声を表記するのが難しいと考えられるものを，具体的に（名詞や動詞，商品名，店名）挙げてみましょう。

◇課題 2

レッスン 3 で学んだ日本国内の言語景観の表記のゆれについて，言語景観の実例を写真に撮って集め，プレゼンテーション資料・レポートとしてまとめてみましょう。

レッスン４

使用文字の多様性とその効果

考え方

レッスン4では，使用文字の多様性について考えていきましょう。

日本語はひらがな，カタカナ，漢字を使い分ける言語ですが（アルファベット表記もあります），言語景観には通常漢字で表現する言葉をカタカナやひらがなで表現する例が見られます。例えば，下の二つの言語景観ではそれぞれ「クルマ（車）売るなら」「ねぎらあめん（ラーメン）」というように，通常は漢字で書く表現をカタカナで，カタカナで書く表現をひらがなで表記しています。このように一般的な書き方をあえてしないことにより，近づきやすさや雰囲気作りに役立たせています。またこのような書き方をすることにより，いっそう目につきやすいといった狙いもあるでしょう。

自動車販売店の広告看板

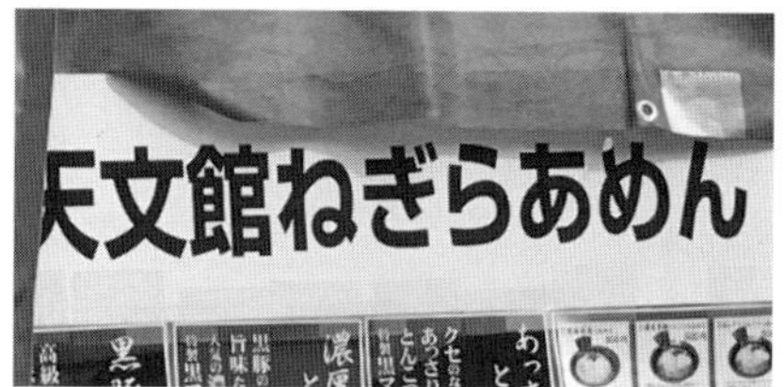

ラーメン屋台の案内

さらに，歴史的仮名遣いや，変体仮名の使用も，雰囲気の醸成や伝統の強調とともに目につきやすい言語景観を作っていると考えられます。

東京浅草の土産物店の看板

言語景観は文字の種類だけではなく色やフォント，デザインといった表現全体を工夫することで，効果を変えることもできます。そして，このような特徴を持つ言語景観は日本の街中に溢れています。このレッスンでは，意図的に一般的ではない文字表記をしている言語景観に気づく練習をしていきましょう。

実践篇

問題１

日本の街中は，一般的でない文字表記を，商品への近づきやすさや雰囲気作りに役立たせている言語景観で溢れかえっていますが，これもその一例です。このポスターに書かれている表現で該当するのはどれでしょうか。

問題 2

一般的な文字表記をあえてしない言語景観は，ただやみくもに漢字表記をひらがなやカタカナ表記にしているわけではなさそうです。これを手がかりに，どんな言葉がカタカナになりやすいかを想像してみましょう。

問題 3

これは公園の遊具に貼ってあったシールの言語景観です。書かれている文字に注目して，なぜこのような表記になっているのかを考えてみましょう（「あそばない」の裏には「こわれたゆうぐで」と書かれています）。

問題４

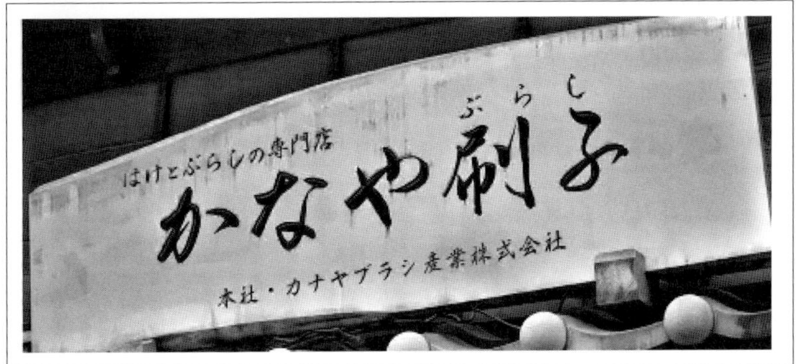

この言語景観は東京の浅草にある店舗の看板です。「かなや刷子（ぶらし）」とありますが，どのような背景や理由からこのような表記になっているのか考えてみましょう。

●問題１を解くヒント

読める範囲で，漢字で書く表現をあえてひらがなで書いているところが5箇所，漢字が使えず普通ひらがなで書く表記をあえてカタカナで書いているところが1箇所あります。

●問題２を解くヒント

「アツい」「ナガシマ」の品詞をそれぞれ考えてみましょう。その上で，名詞や動詞，形容詞（イ形容詞），形容動詞（ナ形容詞），副詞，接続詞，連体詞，助詞など，どのような品詞でこのような表記がなされやすいのかを考えましょう。

●問題３を解くヒント

場所が公園だということ，遊具を使うのが誰であり，「(壊れていたら）あそばない　すぐにおとなにしらせよう」を誰に読ませようとしているのかを意識してみましょう。

●問題４を解くヒント

この言語景観が東京の下町である浅草のもので，浅草がどのような町なのかに注目してみましょう。同じような効果の言語景観として「江戸みやげ」や「創業明治十七年」のような例があります。これらが何を強調したいのかを考えてみましょう。

応用篇

◇課題１

レッスン４で学んだ内容を踏まえて，効果的な言語景観（店舗の看板，店舗や商品の紹介，注意書きや禁止のポスターなど）を具体的に考えてみましょう。

◇課題２

レッスン４で学んだ一般的ではない文字表記をあえてしている言語景観を写真に撮って，面白い点や興味深い特徴をプレゼンテーション資料・レポートとしてまとめてみましょう。

<u>レッスン 5</u>

使用語彙の多様性とその効果

考え方

レッスン5では，使用語彙の多様性とその効果について考えていきましょう。

日本語にはひらがな，カタカナ，漢字があります（アルファベット表記もある）。これらはそれぞれ表記によって読み手が感じる印象や効果が違い，漢字で書くものをあえてひらがなで書くことによって柔らかい印象にしたり，あるいはふつう漢字やひらがなで書く単語をカタカナで書くことによって，近づきやすさや親しみやすさを演出する狙いがあることをレッスン4で学びました。

日本語では以前から名詞に「る」をつけた「皮肉（ひにく）る」「ミスる」のような動詞がありますが，現在も特別な効果を狙った語として，新しい例を発見することができます。例えば「イモる（芋，臆病になる，田舎っぽい）」や「キョヒる（拒否する）」などがこれに該当します。これらは和語や漢語，そして外来語にも使用され，「コピる（copy，コピーする）」や「ディスる（disrespect，否定や侮辱をする）」などのように表現されています。

さて，ここでは自動販売機に書かれている言語景観に注目してみましょう。

飲料メーカーの自動販売機

まず，この「ecoる」は英語でecologyを表す「eco」と，日本語で名詞を動詞化する接尾語である「る」で作られています。「ミスる」「ググる」「ラブる」など，英語から派生した単語に動詞の接尾辞「る」をつけて動詞として使う日本語表現は実生活でもよく使われていて，日本語母語話者には親しみのある表現です。しかし，非母語話者にとっては理解することが困難な表現のひとつだと言えるのではないでしょうか。

このような例を一覧にすると，以下のようにまとめることができます。

表1 「体言＋る」の様々な表現

語種／分野	和語 一般	和語 オノマトペ	漢語	外来語
	カミる	クチャる	キョドる	ググる
	デブる	ボコる	キョヒる	コピる
	ミソる（三十路）		コクる	デニる

また，「省エネ」は「省エネルギー」を短く省略して表現しています。これは縮約形というもので，言葉を短く省略することで呼びやすくするとともに，親しみを感じさせる効果を持ちます。「省エネ」の場合は元の「省エネルギー」よりもむしろ広く使われる言葉になりました。スマホやプリクラなど，同様に一般的な言葉として定着したものもたくさんあります。

現在，表1に挙げた「体言＋る」や縮約形は，若者を中心に様々な表現が会話で実際に使用されており，街中でも言語景観として多く観察することができます。レッスン5では，使用語彙の多様性とその効果の観点から，このような言語景観に気づき，語の構成や作られた意図を考える練習をしていきましょう。

実践篇

問題 1

英語から取り入れた単語に動詞の接尾辞「る」をつけた日本語表現は実生活でもよく使われていて，日本の街中でもよく見られます。この言語景観は，どのような語構成（語の成り立ち）で，このような表現が使用される意図は何でしょうか。

問題 2

日本国内の店舗では，その案内に縮約形がよく使用されています。この言語景観にはどのような縮約形が見られるでしょうか。語構成や意味について考えてみましょう。

問題３

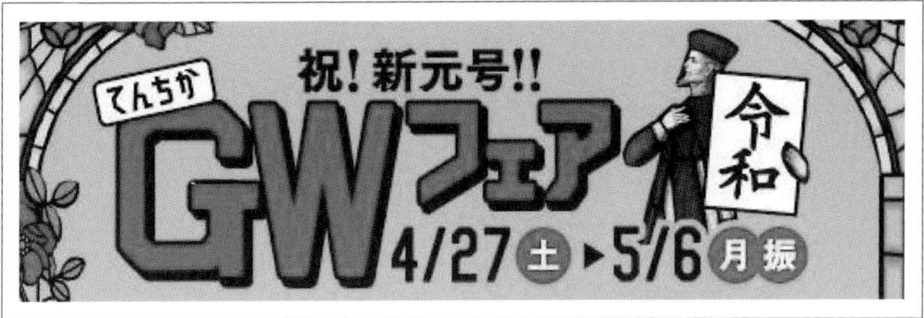

これは福岡市の天神駅の地下にある商店街の言語景観です。ここでは複数の縮約形（略語含む）を確認してみましょう。またなぜこのような縮約形を使用するのか，その意図も併せて考えてみましょう。

問題４

この言語景観はアミューズメントパークの「ナガシマスパーランド」のものです。縮約形を探すとともに，このような表現を日常的に皆さんが使用するかも併せて考えてみましょう。

問題５

言語景観は看板やポスターだけではなく，道路に直接書かれている場合もあります。この言語景観は新潟県の一般道に書かれているもので，大学の近くにあります。語構成と作られた意図について考えてみましょう。

問題６

この看板は電車の駅にある言語景観です。語構成だけではなく，漢字の読み方にも注意して，誰に向けられているのかも考えてみましょう。

●問題１を解くヒント

日本語で「シェア」は，「皆で共有する」場面のうち，例えば「車をシェアする」「オフィスをシェアする」「情報をシェアする」のように，使う物や場所，情報に使われることが多いです。「シェア」は英語の“share”からきています。日常会話でもよく使用されることを意識してみるとともに，“share”を日本語にした時には，「シェア」「共有」「分かち合い」などのどういう表現が使いやすいかも併せて考えてみましょう。

●問題２を解くヒント

一般的に使用され，定着した表現に「リア充」があります。「リア充」とはリアル（現実）の生活が充実している人のことを指す言葉です。これを参考にして「フロ充」の語構成と意味を考えてみましょう。

●問題３を解くヒント

鉄道の駅の構内に商店街がある場合は，一般に「駅なか（エキナカ）」と言いますが，駅の地下にある商店街は「駅名（の略称）＋ちか・チカ」で呼ばれることがあります。東京渋谷駅の地下には「しぶちか」，名古屋駅には「メイチカ」があります。これらの表現は通称として使用されており，全てを表記する必要のない地名として縮約形になっていると考えられますが，どのような効果があるのかを考えます。またGWにも注目してみましょう。「ゴールデンウィーク」はそもそも和製英語なので，外国人には理解が難しい表現のひとつです。GWを日本語にする場合，どのような表現が自然かも併せて考えてみましょう。

●問題４を解くヒント

イベントに関する縮約形は多く観察できます。例えば「メリークリスマス⇒メリクリ」，「誕生日プレゼント⇒誕プレ」など，様々な表現が日常でも使用されているようです。さらに一般に定着した「コスプレ」にも注目してみましょう。

●問題5を解くヒント

語彙として，チャリという表現が誰に向けて書かれているのか考えてみましょう。その上で「おしチャリ」の語構成についても併せて考えましょう。

●問題6を解くヒント

「本気」の読み方について，若者向けの表現である「マジ」が使用されていることに注目しましょう。また「本気（マジ）」に続く語はオノマトペであり，語構成にも注目する必要があります。仮に外国人がこれを読んだ場合，「本気」を「マジ」と読まなければならない，オノマトペがある，どこで切って読めばよいのか分かりにくいなど，様々な問題が起こりうることを考えてみましょう。ちなみに，この広告では「マジックプリンス（略称マジプリ）」というアイドルグループが使われています。「本気（マジ）」のかけ方について，言葉遊び的な観点からも考えてみましょう。

応用篇

◇課題1

レッスン5で学んだ内容を踏まえて，効果的な言語景観（店舗の看板，商品の紹介，注意書きや禁止のポスターなど）を具体的に考えてみましょう。

◇課題2

レッスン5で学んだ「体言＋る」や「縮約形」の言語景観の写真を撮って，面白い点や興味深い特徴をプレゼンテーション資料・レポートとしてまとめてみましょう。

レッスン 6

ピクトグラム・記号

考え方

レッスン6では，ピクトグラム・記号について考えていきましょう。

街中の言語景観には，よく絵が使われています。何らかの情報を提供したり注意を示すために表示される絵文字（絵単語とも言われます）をピクトグラムと言います。ピクトグラムは現地の言語が分からない人に伝わるのが原則ですが，中には文化的知識を必要とする例もあります。

例えば，次の言語景観は，ある外国の国際空港のピクトグラムで，上から順にトイレ，飲食ができる場所，待ち合わせ場所，両替所，授乳室とほとんどの人が認識できそうです。

外国のピクトグラム

しかし次の日本国内のピクトグラムはどうでしょうか。こちらには「なまず」の絵が書かれています。

日本国内のピクトグラム

日本ではなまずが地震を引き起こす，あるいは地震を予知するなど，様々な説と言い伝えがあり，なまずは地震と密接に関連することからこのような絵が描かれているわけです。この言語景観の場合，なまずの絵を書くことによって，この道路が地震などの災害時に緊急車両用として活用されることを表しているのですが，もしピクトグラムが強調され文字が小さければ，外国人にとっては何を示している看板か分かりにくいのではないかと考えられます。

このような国や地域に関する特有の事例は，記号（記号化された文字を含む）でも観察することができます。例えば，次の写真は民宿の案内表示で，ここには「和」と「洋」とのみ書かれた言語景観が見られます。これは和室と洋室を理解するだけではなく，「布団とベッド」「たたみとフローリング」，場合によっては「トイレ等の和式・洋式」，また食事の「和食と洋食」ということもあるかもしれない事例です。

民宿の案内表示

その他にも，日本ではよく見られる表記「○（まる），△（さんかく），×（ばつ）」などの記号も該当するでしょう。

レッスン6では，ピクトグラムと記号について，世界で共通する事例，および国や地域特有の事例を取り上げ，このような言語景観に気づき，問題点を考える練習をしていきましょう。

実践篇

問題 1

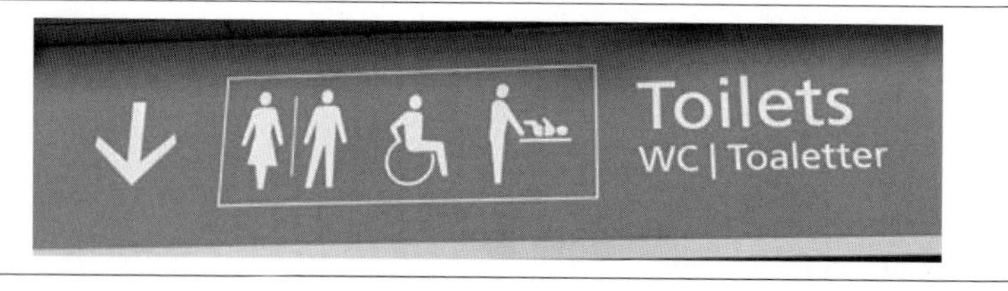

世界中に見られるピクトグラムには，人々が共通して認識できるものがたくさんあります。言い換えると，ピクトグラムは言語を異にする世界の人々が共通して認識できるというのが基本です。これはフィンラン

ドの空港に見られるトイレの言語景観ですが，三つのピクトグラムが表記されています。これらがそれぞれ何を示しているのか考えてみましょう。

問題２

この言語景観も同じく，国を問わずある程度人々が共通して認識できるピクトグラムの例です。イタリアの有名な観光地ヴェネツィアにあるこのピクトグラムはそれぞれ何を示しているのでしょうか。

問題 3

このピクトグラムもイタリアの有名な観光地ヴェネツィアにある寺院のものです。何を示しているのでしょうか。

問題４

　このピクトグラムはイタリアのヴェネツィアにある有名な歴史的建造物の入り口にある注意書きです。９つの図について，それぞれ何を示しているのか考えてみましょう。

問題５

　日本国内のピクトグラムには，文化的知識を必要とし，外国人には理解しにくいものがあります。例えばこのピクトグラムは何を示していて，なぜ河童が描かれているのでしょうか。

問題 6

これはある遊園地の乗り物の言語景観ですが，外国人にとっては分かりにくいところがあります。それはどこでしょうか。

問題 7

ここでは記号的に使用されている「24h」に注目してみましょう。24時間営業の漫画喫茶の看板ですが，外国人には一見して分かりにくい言語景観と言えます。何が分かりにくいのか考えてみましょう。

●問題１を解くヒント

国を問わず世界中の人々がほぼ問題なく理解できるピクトグラムの例です。トイレの用途や使用する対象者を考えてみましょう。

●問題２を解くヒント

左のピクトグラムは何をしてはいけないかという「行為」を，右のピクトグラムはカメラが描かれていることから，行為に関する「注意」を考えてみましょう。また「斜めの線」の意味を併せて考えてみましょう。

●問題３を解くヒント

当時この寺院に設置され使用されていた棚は文化財です。このことに留意して「行為」を考えてみましょう。

●問題４を解くヒント

そのほとんどがどこの国の人にも分かるようなピクトグラムですが，右上のタンクトップにハーフパンツのようなピクトグラムは何でしょうか。ここがヴェネツィアで，海辺にあることから想像して考えてみましょう。

●問題５を解くヒント

河童のピクトグラムを描いた看板は主に川や池のフェンスや囲いに設置されており，この隣には「はいるな」と表記されています。問題はなぜ河童なのかということです。河童は，幼児絵本や児童書でも物語が描かれており，日本では身近な存在です。川や池，沼に住む伝説上の生物，あるいは妖怪と位置づけられる河童のピクトグラムを水辺に提示することによって，どのような効果があるのかを考えてみましょう。

●問題６を解くヒント

日本語では「○」は「良い・ある」などの肯定的意味，「×」は「悪い・ない」などの否定的意味で，「△」はその中間に位置づけられています（このピクトグラムで「△」となっている箇所は冗談だと思われます）。しかし，これらの記号は世界共通ではありません。例えば英語圏では正が「✓」であったり，「○」が誤や（ここに）注目，機器などのオフを意味しています。「△」が「○」と「×」との中間に位置づけられるというのは，様々な外国では通じない（思いもよらない）場合が多いです。日本語の「○（まる），△（さんかく），×（ばつ）」にあたるものを世界でどう表記しているのかを調べてみましょう。

●問題７を解くヒント

ここでは「24h」に注目しましょう。日本では「24h ＝ 24 時間営業」を表し，日本人であればそれを理解できますが，英語圏ではこのような表記はしません。つまり，これも日本語特有の現象だとも言えます。「24H」という大文字表記の看板も日本国内ではよく見かけますが，英語圏の人々は固有名詞だと思い込み，「3H」であれば複数の候補や選択肢を思い浮かべてしまうようです。どのように示せば自然で外国人にも誤解のない表記になるのか考えてみましょう。

応用篇

◇課題１

レッスン６で学んだ内容を踏まえて，世界で共通するピクトグラムと，国によって異なるピクトグラムの例を具体的に考えてみましょう。

◇課題２

レッスン６で学んだピクトグラムの観点から言語景観を収集して，面白い点や興味深い特徴をプレゼンテーション資料・レポートとしてまとめてみましょう。

レッスン 7

正用と誤用

考え方

レッスン７では，海外の街中に観察される日本語の言語景観から正用と誤用について考えていきましょう。

ここで言う誤用（error）とは，日本語学習者が（母語話者にも該当しますが）文を書いたり話したりするときに表れる，母語話者が「何かおかしい」「何か間違っている」と感じる部分のことを言います。例えば『新・はじめての日本語教育―基本用語事典』では，「第二言語学習者の発話（話したものと書いたもの両方）の中に現れたことばの使い方で，母語話者なら用いないようなもの」のことであり，「話者の疲労や不注意から生じるミステイク（mistake）とは区別すべきもの」とあります。その反対の用語として「正用」があります。

外国の街に行くと公共表示や民間表示の中に日本語を見かけることがあると思います。特に韓国をはじめとするアジアを中心に，外国語としての日本語に出会うチャンスが多いと言えるでしょう。そして，これらの日本語では，日本国内にある日本語とは少し違った特徴が観察できます。次の言語景観を見てみましょう。

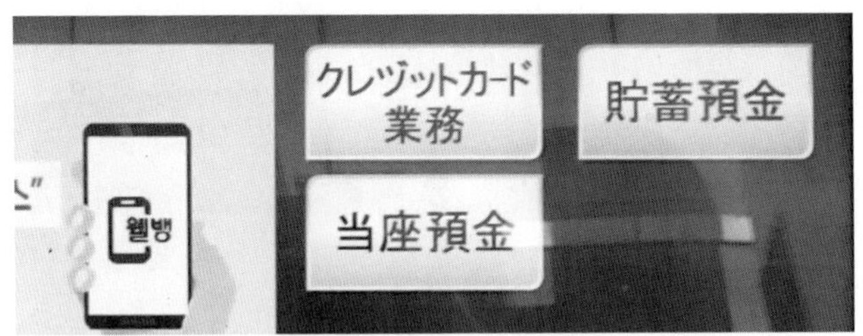

銀行 ATM の画面（韓国）

韓国にある金融関係の言語景観なのですが，よく観察すると「クレヅットカード」と書いてありますね。これはカタカナの「シ」と「ツ」の形が似ていて，外国人には間違いやすいことが表れている例です。このような誤用の代表的な例をまとめると次のように分類ができます。

表 1　誤用の分類と観点

1. 表記の誤用	a. 文字が似ていて間違える誤用　例：ホハモソ（←ホルモン） b. 濁点や長音の間違い　例：店舗の名前で「おいしんほ″」（←おいしんぼ） c. ひらがなとカタカナを一つの単語の中で混用　例：からオケ（←カラオケ）
2. 意味を伝えるために代用した（あてた）漢字の意味が本来の日本語とは違ってしまう誤用	例：インドネシアのラーメン屋の看板で「Ramen Daiji 大味」⇒「大味（おおあじ）」は日本語で食べ物の味に微妙な風味が欠けていたり，味が大雑把であることを意味していて，「だいじ」という読み方もない。
3. 現地で使用されている漢字（看板などに見られる）をそのまま使ってしまう誤用	例：日本人向けの日本語のみの案内で「寫眞」←「写真」
4. 文法的な誤用	a. 品詞の活用　例：お送ります（←お送りします） b. 統語　例：本物の日本味（←本物の日本の味）

インドネシアのカレー屋「おいしんほ″」

インドネシアのラーメン屋「大味」

レッスン7では，外国の街に見られる日本語の誤用について，韓国にフィールドワークに行ったつもりで，このような言語景観に気づき，何が原因で間違えたのかを考え，そして実際に正確な日本語に直す練習をしていきましょう。

実践篇

問題1

これはソウルの明洞にある眼鏡屋の言語景観です。日本語非母語話者である製作者が誤用をそのまま掲示した例と言えます。それはどの部分でしょうか。またなぜ間違えたのか，誤用の原因を考えましょう。

問題２

これは釜山にある飲食店の言語景観です。日本語非母語話者である製作者が誤用に気づかずにメニューにした例と言えます。食品サンプル（食品模型）やメニューに併記されている英語や韓国語を参考にしながら，メニューの日本語部分を直してみましょう。

問題３

これも同じく釜山の屋台の言語景観です。間違った表記を探してみましょう。またなぜ間違えたのか，誤用の原因を考えましょう。

問題4

韓国には日本人向けの宿泊施設も多くあります。ここでは日本語をどのように直したらいいでしょうか。またなぜ間違えたのか，誤用の原因を考えましょう。

問題5

これは釜山にある焼肉屋の言語景観です。日本語として違和感のあるメニュー表示となっている部分がありますが，どの部分でしょうか。

問題6

これは釜山のある土産物屋が掲げていた看板です。日本では見かけない文字を探してみましょう。またなぜこのような表記になったのか，原因を考えましょう。

問題7

これも同じく釜山で，日本人向けの民宿が掲げていた看板です。日本では見かけない文字を探してみましょう。また呼称の誤用も探してみましょう。

問題 8

これは釜山にある飲食店が外に出していたメニューです。一見するとだいたいの意味は分かるものの文としては違和感があります。どのように直したらよいでしょうか。

問題 9

同じく釜山にある宝飾店の案内ですが，この言語景観も文として違和感のあるものとなっています。どのように直したらいいでしょうか。

●問題１を解くヒント

表１の「1.-a. 文字が似ていて間違える誤用　例：ホハモソ（←ホルモン)」に関する問題です。ここではひらがなに注目してみましょう。

●問題２を解くヒント

これも同じく表１の「1.-a. 文字が似ていて間違える誤用　例：ホハモソ（←ホルモン)」に関する問題です。この食べ物は「そば」であり，「何で味付けした何そばなのか」を考えてみましょう。韓国語のほか，英語を手がかりにしてみましょう。

●問題３を解くヒント

表１の「1.-b. 濁点や長音の間違い　例：おいしんほ″（←おいしんぼ）に関する問題です。ある文字の特性について考えてみましょう。

●問題４を解くヒント

表１の「1.-c. ひらがなとカタカナを一つの単語の中で混用　例：からオケ（←カラオケ)」に関する問題です（「1.-a. 文字が似ていて間違える誤用」と捉えることもできます)。日本人向けの宿泊施設であり，主に観光客向けであることを意識して「リょニう」とは何か考えてみましょう。

●問題５を解くヒント

表１の「2. 意味を伝えるために代用した（あてた）漢字の意味が日本語では違ってしまう誤用」に関する問題です。これは삼겹살（サムギョプサル）という料理です。どういう料理か調べて，間違いが起こった原因を推理してみましょう。

●問題 6, 7 を解くヒント

表１の「3. 現地で使用されている漢字をそのまま使ってしまう誤用」に関する問題です。それぞれ日本では見かけない漢字に注目しましょう。

●問題８を解くヒント

表１の「4.-b. 統語　例：本物の日本味（←本物の日本の味）」に関する問題です。いくつかの名詞の間に助詞を入れ，メニューらしさを意識して「A と B」のようにすることを意識してみましょう。「촌닭（チョンタク）」は直訳すると「田舎の鳥」ですが，日本語らしく訳すのであれば「地鶏」，その上で「～料理」とするのがいいでしょう。

●問題９を解くヒント

表１の「4.-b. 統語　例：本物の日本味（←本物の日本の味）」に関する問題です。店舗の案内として文章が書いてありますが，助詞に注目してみましょう。

応用篇

◇課題１

レッスン７の表１「1.-a. 文字が似ていて間違える誤用　例：ホハモソ（←ホルモン）」で学んだ内容を踏まえて，外国人が間違えやすいと考えられるひらがな，カタカナをまとめましょう。

◇課題２

レッスン７で学んだ誤用の観点から，外国人が間違えやすいと考えられる日本語の特徴を話し合って，プレゼンテーション資料・レポートとしてまとめてみましょう。

レッスン 8

適切性・自然さ

考え方

レッスン8では，海外の街中に観察される日本語の言語景観から，適切さと自然さについて考えていきましょう。

海外の日本語の言語景観には，文字の表記や文法の間違い，つまりレッスン7で学んだような誤用ではないものの，その場面や文脈に合っておらず，どこか変な印象を受けてしまうものもよく見られます。

例えば，韓国ソウル特別市の観光地である明洞（ミョンドン）にある次の案内では「たばこ吸ってもいいですよ」に注目してみましょう。店から客に対するものであれば，許可を表す「〜てもいい」ではなく，「たばこを吸えます」「たばこを吸うことができます」程度が適切ではないでしょうか。このような，相手と自身との関係に関わる言葉の不適切さは，待遇表現でもよく表れます（待遇表現は，話し手の上下意識や親疎関係に基づく言語表現で，プラスのもの（尊敬語・謙譲語・丁寧語・丁重語・美化語など）とマイナスのもの（卑語・蔑視語など）といった基本的なものから，原因・理由を表す接続助詞「から」と「ので」の使い分け，あいさつ，顧客への案内表現など様々です）。

ソウル・明洞にあった貼り紙

このように，誤字・脱字や文法的な誤りではないものの，案内や説明としてはその場に合っていない不自然，あるいは不適切な表現を，レッスン8では扱います。ここで学ぶ「適切性・自然さ」に関する観点は，おおよそ以下のようにまとめることができます。

表１　不自然・不適切な表現

a.	語彙の選択に検討の余地が残るもの　例：日本人のお土産に最適 ⇒日本人のお客様のお土産に最適
b.	文のスタイルに検討の余地が残るもの　例：手荷物を確認 ⇒手荷物を確認してください
c.	待遇表現が不適切なもの　例：判子や印鑑を作ってあげます ⇒作っています・作ります
d.	文脈から考えてより自然な表現にできるもの　例：おしゃれな眼鏡をわたしのものに ⇒おしゃれな眼鏡をあなたのものに

外国の街に見られる日本語の言語景観の例として，レッスン８でも引き続き韓国にフィールドワークに行ったつもりになってみましょう。このような不自然，あるいは不適切な言語景観に気づき，そして自然で適切な日本語に直すことを通じて，ことばの使い方に関する理解を深めていきましょう。

実践篇

問題１

ソウルには日本人観光客向けの土産物屋が多くあり，そこには日本語の言語景観が多く見られます。この看板（「日本人がすきな韓国傳統酒」とあります）もその一例ですが，どう直すとより自然な表現になるでしょうか。

問題 2

この看板は同じくソウルの有名な観光地で日本人もたくさん訪れる明洞の道に設置されています。どう直すとより自然な表現になるでしょうか。

問題 3

この言語景観は同じくソウルの明洞にある店舗の案内表示です。どう直すとより自然な表現になるでしょうか。

問題４

この言語景観は同じくソウルの明洞にある焼肉屋に見られたもので，入り口にポスターとして貼ってありました。どう直すとより自然な表現になるでしょうか。

問題５

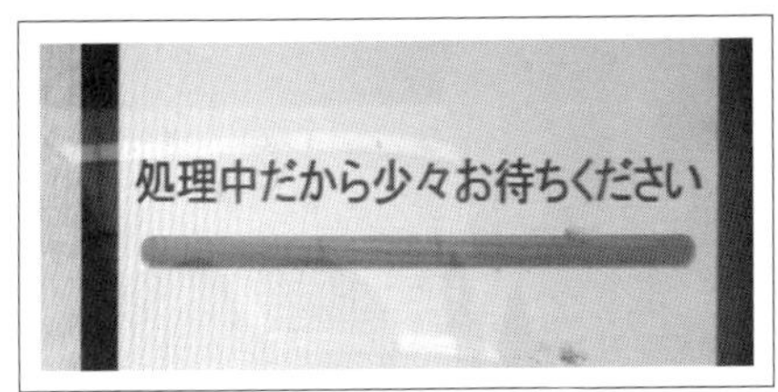

これは釜山の ATM に見られた表示です。どう直すとより自然な表現になるでしょうか。

問題６

この言語景観はソウルの眼鏡屋のもので，様々な案内が書いてあります。どう直すとより自然な表現になるでしょうか。

問題 7

これは同じくソウルの食品店で見られた言語景観で，様々な案内が書いてあります。どう直すとより自然な表現になるでしょうか。

問題 8

これは釜山の道に設置されていた眼鏡屋の看板で，様々な案内が書いてあります。どう直すとより自然な表現になるでしょうか。

問題9

これは釜山にある眼鏡屋が掲げていた看板です。どう直すとより自然な表現になるでしょうか。

問題10

これは釜山にある飲食店が掲げていた看板です。どう直すとより自然な表現になるでしょうか。

問題 11

これは同じく釜山にある飲食店が掲げていた看板です。どう直すとより自然な表現になるでしょうか。

●問題 1 を解くヒント

表1の「a. 語彙の選択に検討の余地が残るもの」に関する問題です。店と客という関係性を考えて「日本人がすきな」という表現を直してみましょう。

●問題 2 を解くヒント

表1の「a. 語彙の選択に検討の余地が残るもの」，および「c. 待遇表現が不適切なもの」に関する問題です。店と客という関係性を考えて表現に注目しましょう。また漢字の用法にも注意してみましょう。

●問題 3 を解くヒント

表1の「a. 語彙の選択に検討の余地が残るもの」，「b. 文のスタイルに検討の余地が残るもの」，および「c. 待遇表現が不適切なもの」に関する問題です。パスポートはこの場合「提出」するのでしょうか。また「歓迎します」の後続の文に敬語が使用されておらず，かつ説明文にも関わらず文末が名詞で完結していることもあって，やや高圧的な印象の文となっていることに注目しましょう。

●問題４を解くヒント

表１の「c. 待遇表現が不適切なもの」に関する問題です。冒頭部分は客に対して使える表現かどうか考えてみましょう。また案内表示であれば文末も変える必要があるでしょう。

●問題５を解くヒント

表１の「c. 待遇表現が不適切なもの」に関する問題です。客に対して，「〜だから」という原因・理由を表す表現を使用できるかどうかを考えましょう。

●問題６を解くヒント

表１の「c. 待遇表現が不適切なもの」に関する問題です。「たったの…以内」のような意味を伝えたくて語彙選択を間違えた例と言えますが，客に対する成立条件（ここでは20分という時間で眼鏡が完成すること）を表す表現として「〜なら」ではなく，他の表現を考えてみましょう。

●問題７を解くヒント

表１の「a. 語彙の選択に検討の余地が残るもの」，および「c. 待遇表現が不適切なもの」に関する問題です。客に対する仮定条件を表す表現として「入ってくれば」が使用できるかどうかを考えましょう。また「内側」もより自然な日本語に直せそうです。また日本国内でこういった案内を見かけるでしょうか。日本語表現として自然な形になるように直してみましょう。

●問題８を解くヒント

表１の「c. 待遇表現が不適切なもの」に関する問題です。客に対する働きかけを表す表現として「知らなかったら」が使用できるかどうかを考えましょう。より自然な表現はないでしょうか。「聞いてください」や「案内します」も改善の余地がありそうです。

●問題９を解くヒント

表１の「c．待遇表現が不適切なもの」に関する問題です。店と客の関係性を考えてみましょう。

●問題10を解くヒント

ネガティブなことを表現するときに「きたない」のようにそのものずばりの語を使用すると直接的過ぎるので「きれいではない（きれいじゃない）」のように言い換えることは多々あります。この言語景観の場合，飲食店なのでなおさら「まずい」という語が前面に出ているのはどうなのかということに注意して，より自然な表現を考えてみましょう。

●問題11を解くヒント

この看板のメニューの説明では，言いたいことは分かりますが修飾がおかしくなり，違和感のあるものとなっています。語順に注目してみましょう。

応用篇

◇課題１

レッスン８の表１「c．待遇表現が不適切なもの」について学んだ内容を踏まえて，私たちが普段使用している敬語の種類について復習した上で，敬語以外の待遇表現としてどういうものがあるかを挙げてみましょう。

◇課題２

レッスン８で学んだ日本語の適切さや自然さの観点から，外国人にとって分かりにくいと考えられる日本語の特徴を話し合って，プレゼンテーション資料・レポートとしてまとめてみましょう。

レッスン９

役割・多様性

shin men
RAMEN
ラーメン SET
..CHOOSE YOUR OWN FAVORITE RAMEN..
日本の味 real japanese taste...
ORIGINAL
RP. 9.545
VEGETABLE
HOT
RP. 9.545
PURPLE
"NOODLE"
SHIN MEN
HOT SHIN MEN
CHOOSE YOUR OWN "HOT SOUP!" LEVEL
SHOYU
"TOPPING"
TORI CHASHU
GYU CHASHU
SPECIAL
TORI KARAAGE
SEAFOOD
VEGETABLE
GYOZA
SPICY CHICKEN
RP. 14.545

考え方

レッスン9では，海外の街中に観察される日本語の言語景観から，その役割（単に意味を伝えるだけではない付加的な要素としての日本語の役割）や多様性について考えていきましょう。

外国では，日本語をアクセサリーのように使用することによってファッション性や洗練度を高めるといった意図を持つ言語景観を見かけることがあります。これらの言語景観はそこを訪れる日本人観光客に向けられているのではなく，主に現地に住んでいる人々の購買意欲を高めるための手段となっています。

次ページの言語景観は，インドネシアの都市バンドンのショッピングモールにある日本食を扱うレストランの案内表示です。このショッピングモールは，公共交通機関もなく，客のほとんどがインドネシア人であり，外国人の姿はありません。注目したいのは，日本語を「旨い 安い 清潔 本物の日本味」と漢字仮名交じりで表現しているほかに，「uma i yasu i sei ket su hon mono no ni hon aji」と，日本語が読めないインドネシア人のためにアルファベットで日本語の読み方（音）を再現できるよう表記されていることです。これならば，日本語の表記と読み方が分かりますし，インドネシア語（Enak Murah Bersih Rasa Asli Jepang）が併記されていることで意味も理解することができるため，現地のインドネシア人も日本食レストランを言葉の面でも楽しむことができます。こういった併記は，日本語が読めず，漢字から意味を推測することができない非漢字圏の人々にとっては嬉しい配慮（読み方と意味が分かる上に，見た目もおしゃれ）だと考えられます。

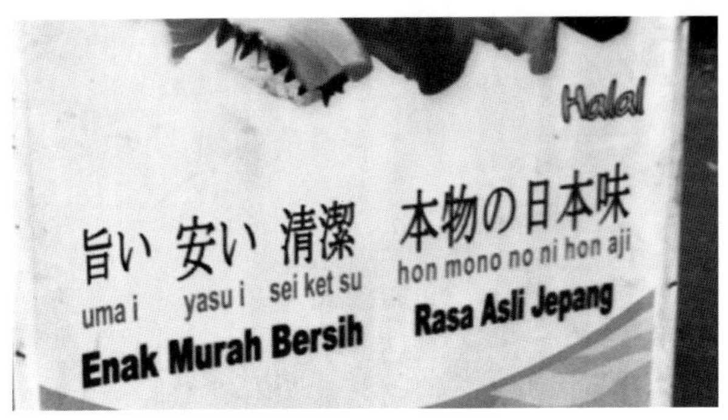

日本食レストランの案内表示（インドネシア）

このような日本語の役割や多様性について注目する観点は，おおよそ以下のようにまとめることができます。

表１　日本語の役割や多様性

a. 単独表記と併記　例：日本語単独表記，日本語＋現地語，日本語の音声表記など
b. 日本語におけるその語・表現の世界的知名度　例：kawaii・konnichiwa
c. 日本語としての有意味語・無意味語　例：インドネシアのカフェの看板で「ロッパン roppan」←日本語で表記されているものの，日本語での意味はない。
d. 特定の客への訴求　例：インドネシアの若者向け服飾店で「Shibuya 渋谷」

日本でも，知名度のある外国の土地を店舗の名称に採用したり（先端的な文化の発信地 New York など），プリント T シャツに意味の分からない英語が書かれている事例など，生産地や発祥地に関係なく，何らかの雰囲気を醸し出す狙いから文字・言語がアクセサリーとして使われることがよくあります。

外国の街に見られる日本語の言語景観の例として，レッスン9ではインドネシアにフィールドワークに行ったつもりになって，このような役割に着目し，その背景や理由について考えていきましょう。

実践篇

問題1

ジャカルタやバンドンといった都市には，ショッピングモールが多くありますが，その中には現地で認知度の高い日本の商品にあえて装飾的に日本語を使用して，現地の人々の購買意欲を高めるような例が見られます。この言語景観からどのような特徴が分かるか考えてみましょう。

問題２

これらは，ジャカルタの道に並ぶ屋台に陳列してあったスナック菓子の言語景観です。二つの言語景観に共通している特徴，および個別の特徴を考えてみましょう。

問題３

これらはバンドンのショッピングモールにある言語景観です。一つめは服飾店，二つめは化粧品の店舗なのですが，並べてみるとどのようなことが分かるか考えてみましょう。

問題 4

この言語景観は同じくバンドンのショッピングモールにあるものです。様々な日本語表記から，どのような意図と特徴があるか考えてみましょう。

●問題１を解くヒント

表１の「a. 単独表記と併記」に関する問題です。インドネシア語の意味を調べてみましょう。

●問題２を解くヒント

表１の「a. 単独表記と併記」，および「b. 日本語におけるその語・表現の世界的知名度」に関する問題です。「Oishi」や「Kirei」が書かれている背景を考えましょう。

●問題３を解くヒント

表１の「b. 日本語におけるその語・表現の世界的知名度」，および「c. 日本語としての有意味語・無意味語」に関する問題です。なぜ服飾店で「HARAJUKU」という店名を使用しているのかを考えてみましょう。また「KOZUII こずいい」という日本語はあるでしょうか。言語の装飾的使用の面から考えてみましょう。

●問題４を解くヒント

表１の「d. 特定の客への訴求」に関する問題です。この店舗は【考え方】で解説した同じショッピングモール内にあることにまず留意しましょう。この言語景観ではカタカナで「プレゼント」，日本語の音声をアルファベットで「PUREZENTO」と表記があり（インドネシア語ではない），下の方には「プレ」という縮約形もあります。カラフルでかわいい絵を使用している点，わざわざ日本の若者が使用している「プレ（誕プレなど）」を表記していることから，誰に向けてこの言語景観が作られているのか（どこの国の人か，世代など）考えてみましょう。

応用篇

◇課題１

レッスン９の表１「b. 日本語におけるその語・表現の世界的知名度」について学んだ内容を踏まえて，世界で認知度・知名度の高そうな日本語（外国人が読み書きできなくても語（音声）として知っているもの）を，固有名詞（商品や地名など）と一般的な語（名詞や動詞，形容詞など）に分けて，話し合って考え，実際にはどうかも調べて確認してみましょう。

◇課題２

もし皆さんが外国に住んで店舗を開く際に，日本語の店名で開店するとしたら，どのような名前にして，どういう看板を作りますか。レッスン９で学んだ日本語の役割や多様性の観点を踏まえて，プレゼンテーション資料・レポートとしてまとめてみましょう。

レッスン 10

言語と経済

考え方

レッスン10では，日本語や外国語の言語景観を観察することを通して，言語と経済の関係について考えていきましょう。

「レッスン2　公共表示と民間表示の違い」では，日本の公共表示に見られる外国語を，国際語としての英語，そして地理的に近く互いに影響しあうという地理的近接効果による中国語と韓国語，というように勉強しました。しかしそれだけではなく，少し視点を変えてみると，言語景観には言語の市場価値，言い換えると言語の経済的・政治的・文化的影響力や，何語を勉強したら得かというような人々の意識や社会構造が関係していると言えそうです。また，日本国内における民間表示では，日本語，英語，中国語，韓国語だけではない形も見られます。観光客数や客のニーズに応じて，中国語を中国大陸で広く使用されている簡体字と台湾や香港で用いられている繁体字の二種類に分け，漢字圏から訪れる観光客の多様性に対して店舗側が配慮をしていたり，タイ語やベトナム語，インドネシア語などの東南アジアの言語，フランス語などのヨーロッパの言語を併記するなど，様々な工夫が見られます。

日本の公共表示（日・英・中・韓）

韓国の公共表示（韓・英・日・中）

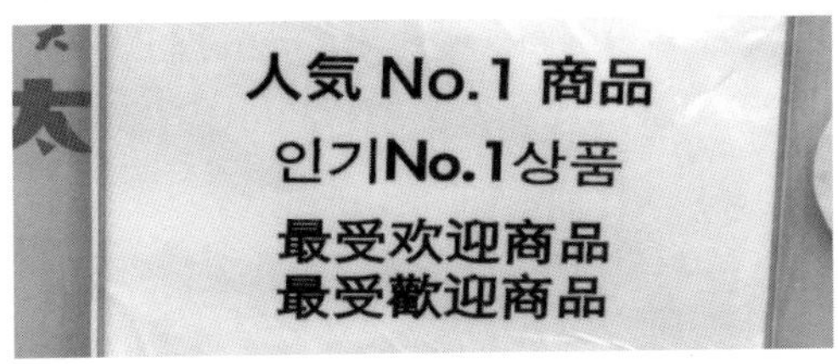

大阪道頓堀の民間表示（日・韓・中（簡体字・繁体字））

大阪道頓堀の民間表示（日・英・中・韓・仏・タイ）

これら地理的近接効果や言語の市場価値，つまり経済的・政治的・文化的影響力が反映された言語景観を「言語と経済の関係」という観点で分類すると，おおよそ以下のようにまとめることができます。

表 1　言語と経済の関係

a. 地理的近接効果による多言語併記　例：韓国における日本語表記の多さ
b. 経済的影響による多言語併記　例：観光客・定住者の多さ，日用品や製品の身近さ
c. 政治や宗教の影響による多言語併記　例：空港のアラビア文字
d. 言語の市場価値や優位性　例：共通語と考えられることの多い英語，話者の多さ

レッスン 10 では，日本国内外に見られる多言語景観を材料に，このような言語と経済の関係に着目し，その背景や多言語化の理由について考えていきましょう。

実践篇

問題 1

韓国では日本語の書かれた言語景観を数多く観察することができますが，これもその一例です。外国人もよく利用するソウル市内のタクシーの車内に貼ってあるシールなのですが，多言語表記に注目して，日本語や他の外国語での案内がある背景や意図を考えてみましょう。

問題2

これはフィンランドにあるヘルシンキ・ヴァンター国際空港の案内です。多言語表記に注目して，書かれている言語の背景や意図を考えてみましょう。

問題3

これらはインドネシアの首都ジャカルタにあるスカルノ・ハッタ国際空港の言語景観です。案内にある多言語表記に注目して，書かれている言語の背景や意図を考えてみましょう。

問題4

これはイタリアの観光地であるヴェネツィアのヴェネツィア・テッセラ国際空港の言語景観です。案内にある二言語併記に注目して，書かれている言語の背景や意図を考えてみましょう。

問題5

大阪道頓堀は，外国人観光客にも人気のある日本の有名な観光地のひとつです。これは人々が道頓堀を歩くために必要な情報が記されている観光マップが置かれているラックにある表示です。表示から何が読み取れるのか考えてみましょう。

●問題１を解くヒント

表１の「a. 地理的近接効果による多言語併記」，および「b. 経済的影響による多言語併記」に関する問題です。上半分に大きな文字で何語が併記されているのかに注目してみましょう。その上で，下部に英語で小さく記載のある通訳可能な言語についても，その選択や並び順を a. や b. の観点から考えてみましょう（英語に関しては「d. 言語の市場価値や優位性」の観点も考えられますが，これについては以下の問題でも同様です）。

●問題２を解くヒント

表１の「b. 経済的影響による多言語併記」に関する問題です。アジアからヨーロッパ各都市へ行くためのハブ空港でもあるフィンランドのヘルシンキ・ヴァンター国際空港は，もちろんフィンランド観光のための主要空港でもあります。何語が併記されているのかに注目し，なぜこれらの語が書かれているのか（選ばれているのか）を考えましょう。「フィンランドを訪れる外国人旅行者数」や「フィンランドが観光でマーケティングおよびセールスに力を入れている国々」「Visit Finland（フィンランド政府観光局）」などをキーワードとして調べてみましょう。

●問題３を解くヒント

表１の「b. 経済的影響による多言語併記」，および「c. 政治や宗教の影響による多言語併記」に関する問題です。日本語に関してはレッスン２でも学んだ日本・インドネシア経済連携協定（JIEPA: Japan-Indonesia Economic Partnership Agreement），日系企業，インドネシアを訪れる日本人数，日本語学習者数，JKT48 など，アラビア文字に関しては c. の観点から，中国語に関してはインドネシア在住の華僑，などをキーワードとして調べてみましょう。

●問題４を解くヒント

表１の「d. 言語の市場価値や優位性」に関係のある問題です。この

案内は世界的に有名な観光地であるヴェネツィアの空港のものであるにも関わらず，イタリア語と英語のみの二言語併記であることがポイントです。なぜ複数の多言語併記にしない（しなくてもよい）のでしょうか。EU の言語政策における理念も調べてみましょう。

●問題 5 を解くヒント

表 1 の「a. 地理的近接効果による多言語併記」，および「b. 経済的影響による多言語併記」に関する問題です。日本を観光で訪れる国別の外国人客数を調べて，漢字の区別の観点から，このような配慮をしている理由を考えてみましょう。

応用篇

◇課題 1

レッスン 10 の表 1「b. 経済的影響による多言語併記」に関して学んだ内容を踏まえて，日本の民間店舗の多言語サービスが今後どのように発展していくと予想されるかを話し合って考えてみましょう。

◇課題 2

レッスン 10 で学んだ言語と経済の観点を踏まえて，多言語・多文化化が進むと予想される日本における民間表示はどうあるべきか（レッスン 2 では同じテーマで公共表示について考えました），英語を含む多言語表記という方法だけでよいのかについて考察し，プレゼンテーション資料・レポートとしてまとめてみましょう。

<u>レッスン 11</u>

方言使用と都市・地方

考え方

レッスン11では，日本の言語景観を観察することを通じて，方言使用と都市・地方について考えていきましょう。

街を歩いていると，地域の言葉である方言を使用した言語景観を目にすることがあります。日本では地方・地域によって方言が異なり，それが街の特徴を内外にアピールする好材料となっています。そして，これらの日本語に注目することによって，二つの観点から勉強することができます。

まず，これらを共通語に変換する練習を行うことで，日常生活の中で使用されている日本語を「身近にこれだけ多くの方言がある」というように再認識する手段となります。そのとき「知っている，理解できるし実際に使える（使用語彙）」「知っている，理解できる（理解語彙）」「そもそも知らない（未知語）」のように整理することによって，普段皆さんが話している自身の言葉を客観的に捉え，見直す機会となるでしょう。

次に，これらの言語景観は，方言活用の意識に異なる方向性が見られます。「なぜ共通語を使用せず，あえて方言を活用した案内や宣伝をするのか」について，背景や人々の意図を考えることで，社会言語学的な知識を得ることもできます。

表１　方言から何が学べるか

a. 共通語への変換練習を通じて自身の言葉を見直す
b. 方言の活用と意識（公共表示と民間表示・外向けと地元向け）

例えば，次ページから＜方言から何が学べるかの具体例＞として挙げた三つは大阪市内にある言語景観で，表１の観点から整理すると，次のように具体的な勉強をすることができます。

まず①は大阪市交通局（現在はOsaka Metro）の大阪を宣伝する広告，②は外国人観光客が多く訪れる道頓堀通りの喫茶店の案内です。つまり，

①，②は方言を新鮮に感じる，あるいは理解できない旅行者などにとって，日常とは一線を画す場所であるという印象を与える外向けの方言活用です。これらは方言の観光活用や言語の装飾的活用にあたります。一方，③は天神橋筋商店街にある自転車のマナーに関する表示で，地元住民向けの方言活用と言えます。このように，まず「外向けの方言活用」と「地元住民向けの方言活用」という分け方ができます。次に，②と③を比較すると，②は店舗の民間表示，③は警察署の公共表示であり，前者では親しみやすさを演出し，後者では言語の歩みより型のローカル化使用，すなわち地元住民に向けた堅苦しくならないメッセージという見方もできます。このほか，①には，「OSAKA は，まるごとテーマパークだ」のように，あえてアルファベットにして，国際的な観光都市をアピールするような表記も確認できます。

＜方言から何が学べるかの具体例＞

言語景観①	＜共通語への変換＞
 	なにわええとこ 道頓堀 ⇒なにわいいとこ 道頓堀 ＜方言の活用と意識＞ ①公共表示 ②外向けの方言活用

<table>
<tr>
<td>言語景観②

</td>
<td>＜共通語への変換＞
どぅでっか⇒どうですか

＜方言の活用と意識＞
①民間表示
②外向けの方言活用</td>
</tr>
<tr>
<td>言語景観③

</td>
<td>＜共通語への変換＞
乗ってええ時と，あかん時があるんやで
⇒乗っていい時と，いけない（駄目な）時があるんだよ

＜方言の活用と意識＞
①公共表示
②地元住民向けの方言活用</td>
</tr>
</table>

皆さんの住んでいる地域では，方言がどのような意図で言語景観に活用されていますか。レッスン 11 では，日本国内に見られる方言の言語景観に注目し，その意味，背景や意図について考えていきましょう。

実践篇

問題 1

大阪は方言を活用した言語景観を多く観察できる代表的な都市と言えます。これは，大阪市内にある地下鉄の通路にあった注意喚起掲示です。表 1 の観点を参照して，なぜ方言が使用されているのかを考えてみましょう。

問題 2

これは福岡市の博多にある不動産屋の言語景観です。表 1 の観点を参照して，なぜ方言が使用されているのかを考えてみましょう。

問題 3

これは愛知県の瀬戸市が提示している環境・ごみ問題に関するポスターです。表1の観点を参照して，なぜ方言が使用されているのかを考えてみましょう。

問題 4

これは愛知県の蒲郡名物であるうどんの宣伝ポスターです。表1の観点を参照して，なぜ方言が使用されているのかを考えてみましょう。

問題 5

この言語景観は，新潟駅前の飲食店の案内です。表 1 の観点を参照して，なぜ方言が使用されているのかを考えてみましょう。

●問題 1 を解くヒント

「そやねん」を共通語に変換するとともに，公共表示と民間表示のどちらなのか，観光客などの外向けと地元向けのどちらなのかを考えましょう。その上で，方言の使用意図を考えます。

●問題 2 を解くヒント

「よかね」「よかよ」を共通語に変換しましょう。そして，公共表示と民間表示のどちらなのか，そして業種から観光客などの外向けと地元向けのどちらなのかを考えましょう。それらの作業が終わったら，方言の使用意図を考えてみましょう。

●問題３を解くヒント

「いらなんだら言ってちょーよ」を共通語に変換するとともに，公共表示と民間表示のどちらなのか，観光客などの外向けと地元向けのどちらなのか，そして方言の使用意図を考えます。

●問題４を解くヒント

「いっぺん食べてみりん」を共通語に変換するとともに，公共表示と民間表示のどちらなのか，観光客などの外向けと地元向けのどちらなのかを考えてみましょう。ここは物産センターです。「蒲郡名物」という強調もヒントになるでしょう。その上で，方言の使用意図を考えます。

●問題５を解くヒント

「ご飯とお酒」以外の７箇所のフレーズを共通語に変換するとともに，公共表示と民間表示のどちらなのか，観光客などの外向けと地元向けのどちらなのかを，「日常的にそれほど使用されていないと考えられる方言の活用」や「新幹線が通じている新潟県の主要な駅」という観点から考えましょう。その上で，方言の使用意図を考えます。

応用篇

◇課題１

レッスン 11 で学んだ内容を踏まえて，自分自身の方言を使用語彙や理解語彙の観点から振り返ってみましょう。また日常で実際に使っている方言について話し合い，まとめてみましょう。

◇課題２

方言が使われている言語景観を収集して，面白い点や興味深い特徴をプレゼンテーション資料・レポートとしてまとめてみましょう。

レッスン 12

外国人集住地域と国際化・多民族化

考え方

レッスン 12 では，日本と外国の言語景観を観察しながら，外国人集住地域と国際化・多民族化について考えていきましょう。

日本国内で見られる外国語は英語，中国語，韓国語だけではありません。例えば，次の言語景観は外国人が多く住む東京の新大久保にある食品店のもので，店名の「Barahi」の左上に英語，右上に日本語とネパール語といったように多言語表記になっています。この地域ではアラビア語やインドネシア語，ネパール語，ヒンディー語など，多くの普段は見ない言語景観に出会うことができます。

東京新大久保の多言語景観

これらは日本に住む外国人向けの，つまり日本の国際化・多民族化に関連する言語景観と言えるでしょう。そして，日本にはこのような外国人集住地域が全国に点在しています。よく知られている地域を挙げてみると，東京の新大久保，横浜の中華街，大阪の鶴橋，静岡県の浜松や愛知県の豊田などがあり，全国に広がるコミュニティも中国系，コリアン，ブラジル人，フィリピン人，スペイン語話者系（ペルー・ボリビア・アルゼンチン・パラグアイ・メキシコ），ベトナム人など多様です。

そして海外に目を向けてみると，日本人街と言われるような多くの日本人が定住している街も世界中に存在します。例えば中国上海の虹橋・古北や韓国ソウルの東部二村洞（トンブイチョンドン），タイではバンコクのアソーク・プロンポン・トンロー・エカマイ，ブラジルではサンパウロのリベルダーデ，アメリカではロサンゼルスのダウンタウンLAなどです。

グローバル化が進む現在，日本国内では外国人が増加しており，その地域に住んでいる外国人のための言語景観，すなわち内なる国際化と多民族化に関連した言語景観は，街中を探せば容易に見つけることができます。皆さんの住んでいる地域にも，このような言語景観があるのではないでしょうか。また同時に，海外では定住日本人向けの言語景観も多く存在します。

韓国ソウルの東部二村洞にある日本人向けの不動産屋①

韓国ソウルの東部二村洞にある日本人向けの不動産屋②

レッスン12では，日本国内外に見られる外国人集住地域の言語景観を取り上げ，その意味，背景や意図について考えていきましょう。

実践篇

問題 1

これは東京の新大久保エリアにある店舗の言語景観です。書かれている情報から主な顧客を考えましょう。

問題 2

これは愛知県のある街のごみ収集場所の言語景観です。書かれている言語から地域の特徴を考えましょう。

問題3

これは韓国にある動物病院の看板です。書かれている言語からどの国の，そしてどのような人々に向けた言語景観かを考えましょう。

●問題1を解くヒント

まず書かれている文字がそれぞれ何語なのかを調べてみましょう。その上で下部にある“HALAL FOOD”という言葉と，その左右にあるマークについて，その意味を宗教文化や“HALAL FOOD”の多い国はどこかといった観点から調べてみましょう。

●問題2を解くヒント

ここは愛知県でも有数の外国人定住者の多い地域である豊田市（保見団地周辺）です。どのような歴史と現在の状況があるのか調べてみましょう。

●問題３を解くヒント

看板に書かれている文字の言語による大きさの違いに注目しましょう。また外国人にも向けられた言語景観であること，動物病院の看板であることに留意して，主にはどのような人（観光かそうではないかなど）に向けた言語景観なのかを考えましょう。

応用篇

◇課題１

レッスン 12 で学んだ内容を踏まえて，皆さんの街の定住外国人について，どこから来た人がどのような仕事をしているのかを調べまとめてみましょう。

◇課題２

レッスン 12 で学んだ内容を踏まえて，定住外国人向けの言語景観を収集して，面白い点や興味深い特徴をプレゼンテーション資料・レポートとしてまとめてみましょう。

レッスン 13

電気・サブカルチャーの街を歩く

考え方

レッスン 13では，日本の言語景観の中から，電気・サブカルチャーなど特定の分野に特化した街の表記について考えていきましょう。

電気店やサブカルチャーの店舗が多く集まり，外国人にも有名な東京秋葉原，大阪日本橋（にっぽんばし），名古屋大須などの街は，皆さんが普段歩いている街とは全く違う雰囲気が感じられます。大小ある電気店には，日用品だけではなく，マニアックとも言えるパソコンなど，機器の部品が売られています。またサブカルチャーの店舗には，プラモデルやカードゲーム，アニメグッズをはじめとする子どもから大人までが楽しめるような玩具が溢れ，店頭には，一般には置いていないようなコミックやグッズが多数見られます。また販売店だけではなく，メイドカフェなど特定の趣向に特化した飲食店やサービス店が多いことも傾向と言えます。そして，多言語表記がある程度進んでいるということも特徴のひとつなのです。

名古屋大須の観光案内所の多言語景観

街中のサブカルチャー系の言語景観

そして，さらに特徴的なのは，これらに表れる言語景観，すなわち使用されている語彙と文字表記です。使用語彙では「萌え」「メイド」「リフレ」などのサブカルチャー系の語彙，電気系の「ジャンク品」など特徴的な語彙のほか，複数の語のそれぞれの一部を組み合わせて作られる混成語，言葉を短くして表現する縮約形があります。また，外来語のひらがな表記，以前は使われていた旧漢字遣いや大字（漢数字の一・二・三などの代わりに使用する壱・弐・参などの字），文字に絵や記号を組み合わせた特徴的な表記のほか，フォントや文字のデザインにも注目できます。これらの電気・サブカルチャーの街の言語景観の特徴は，おおよそ以下のようにまとめることができます。

表1　電気とサブカルチャーの街の言語景観の特徴

1. 使用語彙	a. 特徴的な語彙 　　サブカルチャー系：「メイド」「リフレ」「同人」等 　　電気系：「ジャンク品」等 b. 混成語や縮約形　「もじパラ」等
2. 文字表記	a. 特徴的な表記：外来語のひらがな表記 　　：旧漢字遣いや大字 　　：文字と絵や記号の複合形「めいどたいむ♡」等 b. フォントや文字のデザイン：丸文字，手書き（風）

レッスン13では，日本国内に見られる電気とサブカルチャーの街の言語景観を取り上げ，その特徴について考えていきましょう。

実践篇

問題1

東京秋葉原，大阪日本橋（にっぽんばし），名古屋大須は，日本を代表する電気・サブカルチャーの三大エリアと言ってもよく，他では見られない様々な言語景観を見ることができます。これは名古屋大須にある言語景観ですが，表1を参考にして面白いポイントを探しましょう。

問題 2

これは大阪日本橋(にっぽんばし)にある言語景観で，様々なグッズや書籍を売っている店舗の看板です。表 1 を参考にして面白いポイントを探しましょう。

問題 3

同じく大阪日本橋(にっぽんばし)にある言語景観で，電化製品を主に売っている店舗の商品シールです。表 1 を参考にして面白いポイントを探しましょう。

問題 4

これも大阪日本橋(にっぽんばし)にある言語景観で，ゲームセンターの店舗の看板です。表1を参考にして面白いポイントを探しましょう。

問題 5

この言語景観は，名古屋大須にある飲食店と美容関係の店舗の看板です。表1を参考にして面白いポイントを探しましょう。

●問題１を解くヒント

表１の「1. 使用語彙—a. 特徴的な語彙」，「2. 文字表記—a. 特徴的な表記」に関する問題です。また「リフレ」は以前から使用されていたわけではない新語であり，何の略なのか，意味は何なのかを調べてみましょう。

●問題２を解くヒント

表１の「1. 使用語彙—a. 特徴的な語彙」に関する問題です。まず，サブカルチャーの街ならではの語を探してみましょう。また，なぜあえて「女性向」と書かれているのかを併せて考えてみましょう（「同人誌」で反対に「男性向」という表記は見かけない）。

●問題３を解くヒント

表１の「1. 使用語彙—a. 特徴的な語彙」に関する問題です。中古品とジャンク品は何が違うのか調べてみましょう。

●問題４を解くヒント

表１の「1. 使用語彙—b. 混成語や縮約形」，「2. 文字表記—a. 特徴的な表記」，および「2. 文字表記—b. フォントや文字のデザイン：丸文字，手書き（風）」に関する問題です。混成語の構成を考えるとともに，数字に注目してみましょう。

●問題５を解くヒント

表１の「2. 文字表記—a. 特徴的な表記」，および「2. 文字表記—b. フォントや文字のデザイン」に関する問題です。

応用篇

◇課題 1

レッスン 13 で学んだような特徴的な言葉を出し合ってみましょう。その上で，日常で実際に使っているかどうかを使用語彙と理解語彙の観点から話し合い，まとめてみましょう。

◇課題 2

レッスン 13 で学んだ電気・サブカルチャーなど，普通とは異なる特色のある街の言語景観を収集して，面白い点や興味深い特徴をプレゼンテーション資料・レポートとしてまとめてみましょう。

レッスン 14

社会的背景や使用意図

考え方

レッスン 14 では，日本の言語景観の観察を通して，その社会的背景や使用意図について考えていきましょう。

言語景観は「どういう意図で書かれているのか」「これは取り上げられるほど珍しいものなのか」のように，社会的背景や使用意図を理解する，つまり社会を読み解くための手段として活用することができます。

例えば次の町営交流施設にあるポスターには「イクメン」と書かれています。「イクメン」は育児に積極的に取り組む男性（メン）を短く表現した言葉であり，新語として広がり，現在は定着しつつあります。

「イクメン」のポスター

それではなぜこのような言葉が誕生したのでしょうか。それは育児を積極的に担当する男性をあえて取り上げることによって，家庭の中の男女共同参画をメディアや行政などが様々な角度から促そうとしているのだと考えられます。観点を変えると，日本での一般的な認識，また一方で現実がどうであるからこのような言葉が生まれたのか，あるいはこのような言葉をあえて使用することによって，従来からあるステレオタイプが強化されないのかなど，様々な議論ができそうです。

次の左の表示には「健康のため階段を使いましょう」とあります。しかし，これだけを読むと「なぜエレベーターを使ってはいけないのか」，あるいは「それならばなぜエレベーターを設置しているのか」，より具体的には「老若男女や健康状態を問わず奨励しているのか」など複数の疑問が思い浮かびます。

一方，右の表示には「エレベーター運転について　階段を使って歩こう！　節電のため階段をご使用ください」とあります。

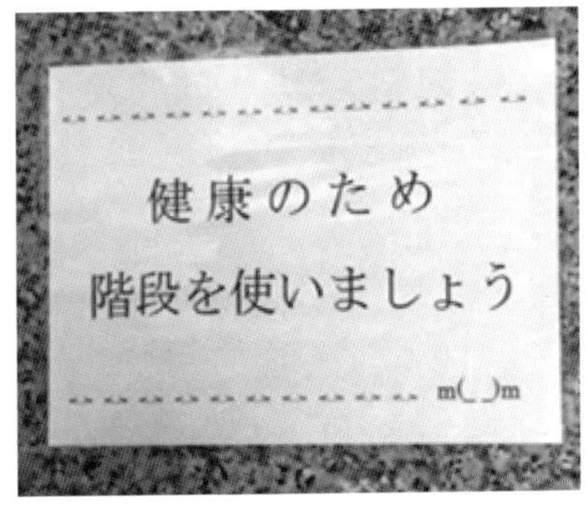

2011年5月の言語景観①

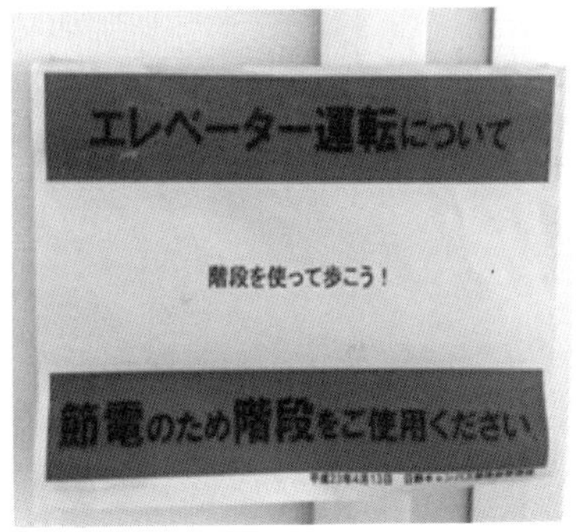

2011年5月の言語景観②

実はこのような言語景観は，以前から見られましたが，特に増えたのは2011年の震災後です。つまり左の表示「健康のため階段を使いましょう」という言語景観の本来の意味は「震災による電力不足改善のためにできるだけ階段を利用しよう」ですが，当時「節電」が「震災」を連想させやすかったため，読む人への配慮からあえて他の表現で言い換えたのです。すなわち「健康」という言葉を使うことによって，ポジティブに捉えなおそうとしていると考えることができます。

このように言語景観は，国や社会，地域の現状，そして使用意図の背景にある人々の意識を知る手がかりとしてとても有用です。レッスン14では，日本国内に見られる言語景観のうち，社会的背景を知らないと意図が理解しにくいものを取り上げ，そこから何が見えるかを考えていきましょう。

実践篇

問題1

社会状況によって言葉が変わったり（例：便所⇒トイレ），様々な新語が生まれることは決して不思議なこと，珍しいことではありません。特に情報化とグローバル化の進んだ現代社会では，次々と新しい言葉が生まれ，その中の一部は定着していきます。この言語景観は，ある公共施設にあるポスターですが，書かれている言葉からどのような社会が見えてくるか考えてみましょう。

問題 2

これは東京の下町である門前仲町の電柱にある塾の案内を示す言語景観です。この地域のどのような特色が反映されているか考えてみましょう。

問題 3

これは東京文京区にある地下鉄の駅の出入口にある言語景観です。このような情報を掲示している意図は何か考えてみましょう。

問題 4

この言語景観は駅にある注意喚起のポスターです。どのような社会的背景があるのかを考えてみましょう。

問題 5

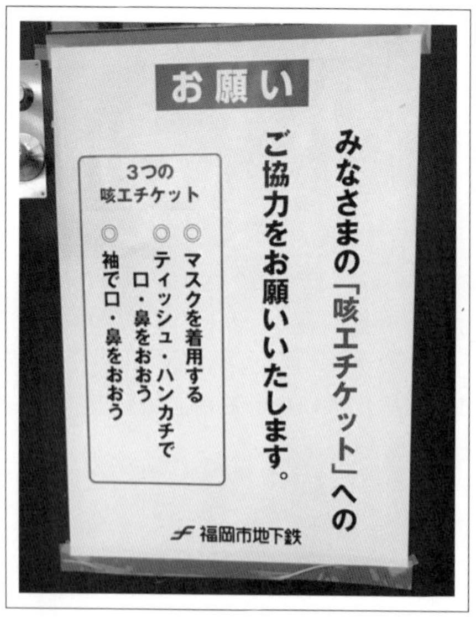

この言語景観も駅にある注意喚起とお願いのポスターです。どのような社会的背景があるのかを考えてみましょう。

●問題 1 を解くヒント

「カジダン」とは何の略でどういう意味なのかを考えてみましょう。またこのような新語が生まれ，定着した理由も併せて考えましょう。

●問題 2 を解くヒント

科目名の「国語」と「日本語」に注目し，このように区別している地域的背景を考えてみましょう。

●問題 3 を解くヒント

その場所の海面からの高さを示す言語景観は日本中に見られます。日本でこのような言語景観がどこにでも見られる理由を考えてみましょう。

●問題 4 を解くヒント

情報化社会において若者に限らず多くの人が携帯電話やパソコンを持ち，インターネットでの検索やメールでのコミュニケーションを行う時代になりました。その中でどのような問題が起こり始めているのかを想像しながら，この言語景観の社会的背景を考えてみましょう。

●問題 5 を解くヒント

このような言語景観は，2020 年のはじめから世界的に流行し始めたウイルス感染症に関係しています。これについて，感染の広がりとそれへの対応の経緯を調べてみましょう（2020 年 3 月撮影）。

応用篇

◇課題 1

レッスン 14 で学んだ内容を踏まえて，皆さんの知っている新語について，社会的背景や使用意図を話し合ってみましょう。また普段の生活の中の言語使用を振り返って，理解語彙と使用語彙の観点から話し合い，今後定着するかどうかの予想も含めて考えて，まとめてみましょう。

◇課題２

レッスン 14 で学んだ観点から，社会問題や流行，全世界的な出来事など，社会的背景を知らないと意図が理解しにくい言語景観を収集して，面白い点や興味深い特徴をプレゼンテーション資料・レポートとしてまとめてみましょう。

レッスン 15

語用論的使用

考え方

レッスン 15 では，日本の言語景観に見られる言葉の語用論的使用について考えていきましょう。

表現には文字通りの意味と伝えたい意味があり，前者の研究を意味論，後者の研究を語用論と言います。意味論における意味とは，その言葉が単独で持っている辞書的な意味（表意），語用論における意味とは，文脈によって変わるその言葉の言外の意味（含意）を指すとも言えます。レッスン 15 では語用論的使用を扱います。

次の例文を見てみましょう。

A　この部屋，ちょっと寒いね。

B　あ，暖房いれようか。

この場合，A は「この部屋，ちょっと寒いね。」と言っただけですが，B は A の「寒い」という発話を事実として受け止めただけではなく「暖房をつけてほしい」「暖房はありますか」という発話の外にある意味（言外の意味）を感じ取り，コミュニケーションを取っていると言えます。

このように，ある状況で話し手はどう自分の伝えたい意図を伝え，聞き手はそれをどう解釈するのか，そして両者がどうやって文脈の中でバランスを構築しているのかを探るのが語用論であり，場面や文脈（コンテクスト）を考えることがポイントです。そして，このような語用論的で実践的な言葉の運用は，会話だけに見られるものではありません。ポスターや看板などの言語景観は書き言葉ですが，例えば企業や店舗などがそれを見る客を想定してメッセージを発信しており，文脈の中で意味の伝達が問題なく成立する前提があるという点が重要になります。次の例を見てみましょう。

自動販売機にある言語景観

これはある大手飲料メーカーの自動販売機にある言語景観です。「限りある地球資源を大切にしましょう」とありますが，これを書くことで何を訴えたいのでしょうか。メーカーとしては，もちろん扱っている飲料を買ってほしいわけですが，以下のような言外の語用論的意味が含まれているものと考えられます。

・買ってくれるのは嬉しいが，飲み終わった後にそこらへんにポイ捨てされれば，メーカーの名前入りのゴミが人々の目につくため，イメージダウンにもなりかねない。だから，しっかり分別して捨ててほしい。
・私たちは，飲料を提供するだけではなく，環境にも配慮を欠かさない社会的責任を果たしている企業である。

このように，言語景観でも語用論的使用がよく観察されます。すなわち，看板やポスターに書かれている日本語であっても，言いたいことがはっきりと明記されているとは限りません。このような語用論的特徴を持った言語景観は，外国人にとって特に分かりにくいことがあります。

例えば看板に「誰も見ていないからゴミを捨てた」と書いてあったとすれば，文字通りの表面的な意味ではなく「ゴミを捨てるのはよくない行為であり，人が見ているかどうかの問題ではない」という本当に伝えたい裏の意味を読み解かなければなりません。

このレッスンでは，語用論的特徴に気づき，読み解くための練習をしていきましょう。

実践篇

問題 1

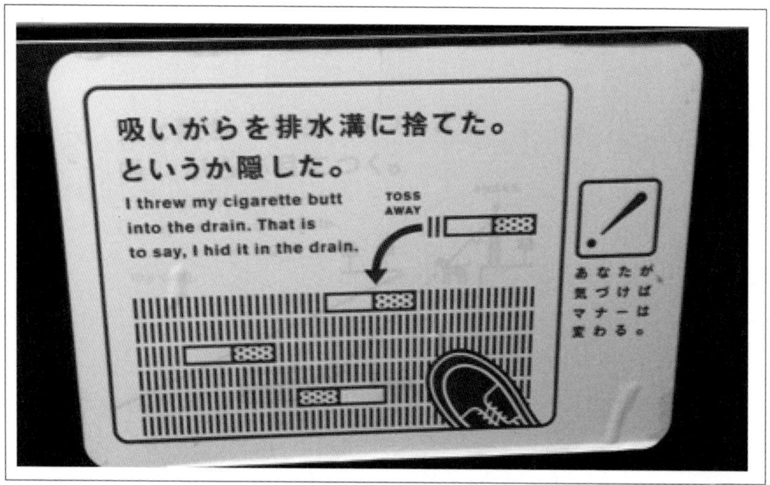

喫煙所やゴミ捨て場には，語用論的特徴のある注意書きをよく見ることができます。これは喫煙所にある張り紙です。「吸いがらを排水溝に捨てた。というか隠した。」という日本語に注目してみましょう。本当に言いたいことは何でしょうか。

問題 2

同様に喫煙所にある張り紙ですが，ここでは「たばこを持つ手は，子供の顔の高さだった。」に注目してみましょう。何を伝えたいのでしょうか。

問題 3

電車の駅構内では，たくさんの注意書きや案内の言語景観を目にすることができますが，語用論的な特徴を持ったものも多く見かけます。このポスターの「〜ながら」は何を伝えたいのでしょうか。

問題4

©河合塾

注意書きだけではなく，商用の看板も，より目を引くために，あえて語用論的な表現を使用しているものはたくさんあります。例えばこの看板ではどのような特徴があるでしょうか。

問題 5

この言語景観は電車の駅にあるポスターです。何を伝えたいのでしょうか。

問題 6

この言語景観は，街にあるごみ箱の表示です。何を伝えたいのか考えましょう。

問題 7

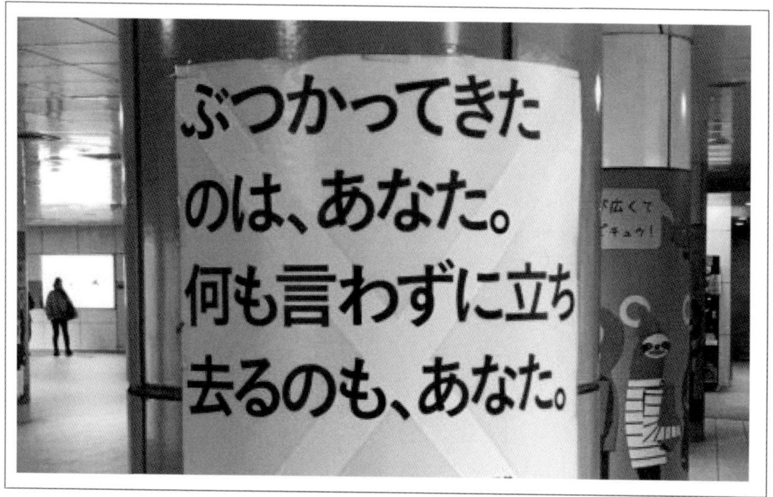

この言語景観も電車の駅にあるポスターです。何を伝えたいのでしょうか。

●問題 1 を解くヒント

喫煙所とマナーという「文脈」と，「だからなんだ？」というような「問いかけ」をしてみることによって，本当に伝えたい意味が見えてきます。「捨てた」「隠した」という事実から何をしてほしい（ほしくない）のかを考えてみましょう。

●問題 2 を解くヒント

同じくタバコに関する言語景観ですが，捨てたり隠したりとは少し違うようです。「子供の顔の高さ」なので何をしてはいけないのか考えてみましょう。

●問題 3 を解くヒント

何かをしながら歩くことを「ながら歩き」と言っています。この「ながら歩き」は電話やメール，ラインやゲームなど，特に手元にある端末の画面に集中しながら歩くことを指し，問題にもなっています。個人にとってと社会にとってに分けて，どのような問題が生じるのかを想像して，ポスターの語用論的特徴を考えてみましょう。

●問題 4 を解くヒント

この看板ではまず「あきらめない人だけが，行ける未来がある。」が目を引きます。しかし，それだけでは何を言いたいのか分からないかもしれません。商用の看板では，どのような業種が出している看板かを考えながら，その語用論的特徴を読み解いていきます。ここでは上部にそのヒントがありますね。

●問題 5 を解くヒント

右上のイラストに注目して，お酒に酔った時に起こりやすい状況をイメージしてみましょう。

●問題 6 を解くヒント

ここでは「街頭犯罪監視中」に注目して，何をしてはならないかを考えてみましょう。

●問題 7 を解くヒント

この言語景観があるのは乗降客数の多い駅の構内です。そのことを念頭に，何をしてほしくないかを中心に考えてみましょう。

応用篇

◇課題 1

自分が注意書きや商用として，このような語用論的特徴を持つ言語景観を作るとしたら，どのようなものを作るでしょうか。レッスン 15 で学んだ内容を踏まえて，実際にその企画担当者になったつもりで，具体的な場面を想定しながら作ってみましょう。

◇課題 2

レッスン 15 で学んだ語用論的特徴を持つ言語景観を街中で収集して，その本当に言いたいことや面白さ，意図をプレゼンテーション資料としてまとめてみましょう。

終章
言語景観研究のこれから

1. より広く，深く言語景観を観察するために

皆さんにとって身近な言語景観を通じて，どのような点に注目して日本語を分析・考察すればよいかをこれまでに学んできました。もちろん言語景観を分析する観点や分類はこれだけではなく，例えばオノマトペや注意・禁止表現のバリエーション，新語や若者言葉など，様々な特徴を発見し，その原因や理由を考え，まとめることで，体系的な勉強が可能です。本章では，まず言語景観研究のこれまでの歴史をざっと振り返り，言語景観研究が人間社会にどのように貢献できるのかを確認します。その上で，言語景観を活用した日本語教育や異文化コミュニケーション教育のこれまでの研究を概観し，日本語の言語景観から何が学べるのかを整理しながら，これからどのような発展可能性があるのかを考えます。

2. 言語景観研究の歴史

言語景観から得られる特徴を言語学的な分析対象とすること自体は，新しい試みではありません。例えばユール『現代言語学 20 章 ことばの科学』（大修館書店 1987，原著は Cambridge University Press 1985, *The Study of Language First Edition*）は，語用論分析の観点から看板の写真を例に出

しています。しかし，その写真も1枚に留まるなど，扱いは限られてきました。とりわけ日本語の言語景観を扱った研究は，ここ十数年でようやく発展してきたと言えます。

これまでの言語景観研究の論点は，社会言語学や日本語学が中心であり（地域研究や方言研究，敬語研究を含む），これまでに日本国内外の地域，社会やコミュニティの特徴，さらにその問題点を明らかにすることに貢献してきました。海外の調査研究では，Landry & Bourhis（1997）によって多言語景観の存在意義や社会の中の役割，住民の意識や政策との関連が，梁（2011）によって多言語景観の意識に関する各国の事例が，磯野（2012）や磯野・丁・佐々木・Anisa ほか（2013），松﨑・磯野・吹原・助川（2017）によって外国人集住地域の特徴や海外での日本語の役割などが論じられています。一方，日本国内の言語景観に関する調査の先駆けは，庄司ほか（2009）によれば，地理学者の正井泰夫が1962年に実施した「新宿の都市言語景観」という調査だとされています（正井（1972）『東京の生活地図』所収）。2000年代に入ってからは，様々な角度からの研究が日本で行われ，まとまった書籍が出版されているので，ここではそれらについて紹介します。

(1)『日本の言語景観』，庄司博史・P. バックハウス・F. クルマス編，三元社，2009年

総論として言語景観を論じたまとまった書籍としては，嚆矢となったものであり，日本の言語景観を多言語化，経済言語学，公共圏の起源，地域差，ローマ字表記，行政的背景，視覚障害者と点字，移民言語の観点から論じています。

(2)『世界の言語景観 日本の言語景観』，内山純蔵監修，中井精一・ダニエル ロング編，桂書房，2011年

日本および海外の言語景観について，多言語化と研究の方法論的展望の二つの観点から論じられています。多言語化では，少数言語のアイデ

ンティティやロマンス語圏少数言語地域の実態調査，中国ハルビン市・チャムス市や韓国ソウル特別市・釜山広域市，北海道・サハリンの比較分析，大阪市大正区における沖縄関連の調査が報告されています。一方，研究の方法論的展望では，日本語教育への応用，社会分析ツールや記録の方法論，禁止表現の多様性の分析，地方都市の文化論などが論じられており，国内外の言語景観を対象に，そのテーマは多岐にわたっています。

(3)『街の公共サインを点検する—外国人にはどう見えるか—』，本田弘之・岩田一成・倉林秀男，大修館書店，2017 年

外国人ユーザーの視点から日本の公共サインの問題点を指摘し，その改善策を提案しています。扱われているデータは基本的に言語景観ですが，外国人にも分かりやすい公共サインは街づくりの基礎であり，ユーザーの立場から整備されなければならないという立場から，様々な観点（英語・ローマ字，ピクトグラム，道路，観光，駅，トイレ，注意喚起，防犯・防災など）から公共表示が扱われています。

(4)『都市空間を編む言語景観』，中井精一・ダニエル ロング監修，李舜炯編，中文出版社（韓国），2019 年

韓国で出版された初めての言語景観に関する書籍です。日本と韓国で言語景観研究をリードする教育・研究者らが第一部「地域とコミュニティ」，第二部「言語景観と日本語教育」の二つの観点から論じています。第一部では言語景観研究の展望，地域や対象（境港と妖怪文化，米軍基地と地域コミュニティ，対馬の韓国語，ブラジル人集住地域，韓国の商品販売売場の日本語など）に特化した事例が取り上げられています。第二部は言語景観と日本語教育を関連させ，ある程度まとまった議論や事例があり，このような日本語教育と関連させたまとまった内容の書籍としての刊行は初めてのものです（次の「(2) 言語景観を活用した教育の事例研究」で詳しく述べることとします）。

3. 言語景観から学ぶ日本語・異文化コミュニケーションの研究・教育・学習

まえがきで紹介したように，街中にある看板やポスター，ラベルやステッカーなどの書き言葉がレアリアなどとして授業の一部に活用されることはこれまでにもありましたが，自然と目に入るこれらの身近な書き言葉を「言語景観」と定義，明記して「教育に生かすためのまとまった論考」を行ったものはありませんでした（磯野・西郡 2017）。しかしながら，言語景観研究の広がりに伴って，言語景観が日本語教育・学習のための素材として有用であることが指摘されはじめ，授業実践についても論じられ始めています（磯野 2011b，2013a，b，ロング 2014，鎌田 2014，磯野・西郡 2015，西郡・黒田ほか 2016）。ここでの「指摘」とは，言語景観を言語・社会研究だけではなく，日本語教育や異文化コミュニケーション教育に活用できるのではないかという観点と方法論に関する試論（後述の「(1) 言語景観を教育に応用するための観点と方法論に関する研究」），そして「授業実践」とは，授業における事例的な導入や部分的な活用（(2) 言語景観を活用した教育の事例研究），加えて発展的には言語景観そのものを授業の中心におくような教材制作や 1 科目としてのデザインを指します（(3) 言語景観を中心に据えた教育実践）。ここではこれら三点に分けて，それぞれの研究について，順を追って概観し，整理します。

(1) 言語景観を教育に応用するための観点と方法論に関する研究

磯野（2011b），磯野・丁・佐々木・Anisa ほか（2013）では，諸外国で観察できる日本語には，日本国内の言語景観とは異なった特徴が見られることが強調されています。すなわち，注目すべき日本語とは，海外でよく見ることのできる「間違った日本語」や「装飾的・ファションとしての日本語」ですが，これは本書のレッスン 7「正用と誤用」，レッスン 8「適切性・自然さ」，レッスン 9「役割と多様性」に収録されています。

(2) 言語景観を活用した教育の事例研究

(1) に関する研究の中には，言語景観の教育への活用に関する実践例を含むものもあります。例えば，磯野（2011b）は学生が韓国国内の街中で目にする様々な日本語に注目し，課題としてデータを収集し，その内容を授業の中で発表するというもので，授業の中で行われる活動の一部を論じた事例が報告されています。日本国内の事例としては，鎌田（2014）で，学部専門科目である「日本語教育方法論」という授業で，身の回りの漢字に注目し，言語景観を素材とする写真を活用した漢字テキストを4～6名のグループで完成させる試みを取り入れていることを報告しています。その後，磯野・西郡（2017）で報告されているように，初級から上級科目までの日本語教育科目，学部の教養（共通教育）・専門科目，ゼミ，大学院科目など様々な科目の中に，言語景観の授業における部分的な導入と活用が見られるようになってきました。また最近では，韓国の大学における通常授業（「日本語語彙論」）での導入（李 2019）や，留学生が日本の大学で集中的に日本語を学ぶための短期日本語研修における活動（甲賀 2019）など，言語景観の部分的な活用は多岐にわたり始めています。

(3) 言語景観を中心に据えた教育実践

言語景観を中心に据えた教育実践とは，既述のように言語景観そのものを授業の中心におくような教材作成や1科目としてのデザインを指します。具体的には科目名として言語景観という用語が入っている，あるいはシラバスに記載されている要項の中心に言語景観が位置づけられていて，シラバスやカリキュラム，インストラクションも言語景観を通じた教育がデザインされているということです。このように枠組みとして授業実践が行われている例はほとんどありませんが，例えば磯野（2015b）では，学士課程における全学部対象の共通教育科目である「多文化コミュニケーション」という科目の実践報告があります。当該科目は，受講生は留学生と日本人学生が混在しており（週1回半期15コマ），学部留学生にとっては日本語科目「多文化コミュニケーション（日本語）」，日本人学生にとっては「多文化コミュニケーションセミナー—ことばの多様性・機能・効果へのアプローチと実践—」という授業です。この授業は「言語景観そのもの」が授業の中心に据えられており，言語景観に関する内容を学びながら，その観点の習得のみならず，日本語母語話者と非母語話者との協働によるディスカッションやデータ収集，発表資料作成や発表など様々なグループワークを通じて，プレゼンテーションの方法やレポートの作成方法について学んでいく設計になっています。以下にカリキュラムとその実践を示します。

表１　日本語教育における言語景観の活用

全体の流れとテーマ（半期・全15回）	内容	活動
1. 文字語彙や文法の自然さ，誤用，多様性に気づく（5回）	・言語景観の基礎知識 ・誤用，ゆれのある表記，単語のバリエーションや文字種	講義，グループワークディスカッション・データ収集・発表資料作成，第一回発表
2. 地域性や役割に気づく（3回）	・日本国内外の日本語の言語景観の比較や役割	講義，データ収集とグループディスカッション
3. 使用意図や問題点，社会的背景や状況に気づく（7回）	・字義通りに解釈できない語彙や文，方言使用やジェンダーなどの言語意識，特有のピクトグラム	講義，グループワークディスカッション・データ収集・発表資料作成，第二回発表，期末レポートの提出

以上のように，言語景観を教育に活用するための研究・教育の変遷をたどると，「教育に活用できるのではないかという観点と方法論に関する試論」から始まり，比較的短い期間で，その授業実践までが行われてきているというように概観できます。

4. 言語景観研究のさらなる応用の拡大に向けて

言語景観研究は，社会言語学や日本語学，さらには社会学などの分野で扱われ，日本国内外の国や地域，社会やコミュニティに関して政策・制度（多言語化・外国人の受け入れや支援），アイデンティティ，少数言語などの問題点を明らかにすることに貢献してきました。そして，本書のテーマである教育と学習，つまり「言語景観に表れる日本語から何が学べるか」については現在，非常に注目を集めており，日本語教育や異文化コミュニケーション教育の分野への大きな寄与が期待されています。ここでは，本書では扱わなかったテーマについて，学習する皆さんの参考となるいくつかの例を挙げてみたいと思います。

a. 注意・禁止表現

本書の「レッスン１　言語景観の概論（定義・対象・観点）」でも触れた内容ですが，注意・禁止表現は，様々な表現形式で工夫されて書かれています。例えば「エスカレーターのまわりでお子様を遊ばせないでください（依頼型）」「お静かにお願いします（要請型）」などのような基本的なものから，「走るな（命令型）」や「知っていますね？ ゴミは持ち帰り（質問・呼びかけ型）」など，様々な注意・禁止表現の言語景観を目にすることができます。これらを表現形式別にまとめることで，どのような場所にどのような型の表現形式が多いのか，当該表現形式を使用する狙いは何か，などを考えることができるでしょう。

b. 待遇表現

待遇表現は，敬語使用（尊敬語・謙譲語・丁寧語）の分類と丁寧度を考える分析が可能でしょう。敬語を使用しない言語景観が増えていますが，それはなぜなのか，ポライトネス（人間関係を円滑にするための言語ストラテジー）の観点からも考察が可能です。

c. 表現のバリエーション

本書の「レッスン4　使用文字の多様性とその効果」では，同じ物事を指す表現でもひらがな，カタカナ，漢字など様々な文字を使用して特別な効果を狙う言語景観について学習しました。他方で，同じ物事を指す場合でも，その表現にバリエーションが見られることもあります。次の言語景観はいずれも愛知県犬山市の半径50メートル以内の同じ地域にある理髪店ですが，それぞれ「理容」「サロン」「ヘアールーム」とあります。このように，同じ物事（ここでは髪を切ることが目的）を指す表現にバリエーションがある言語景観は多くあり，どのような表現が存在しているのか調査してみると面白いでしょう。

d. 言葉の変化

上記の「c. 表現のバリエーション」とは異なり，同じ物事を指す場合でも，時代とともにその呼び方が変わっていく現象が見られます。例えば，次の言語景観のような「便所」という表記は，現在ではなかなか見かけることがなくなってきました。従来から「お手洗い」や「化粧室」という表現もありますが，「トイレ」という表現も一般的に定着しています。しかし「トイレ」が一般化して「便所」のように雰囲気（環境や臭い，イメージなど）が伝わりやすくなった（婉曲的な意味合いを失った）ことから，現在では（話し言葉ではないという意味で）言語景観で「Rest

Room（あるいは「レストルーム」）」という表記が増え始めています。これらは新語や若者言葉とその定着とも関係しています。

e. オノマトペ

言語にはオノマトペが豊富な言語とそうでないものがありますが，日本語はとても多い言語のひとつであり，日本語学習者にとっての習得の難しさが昔から指摘されています。一方で，日本語母語話者が日本語のオノマトペを客観的に説明することも，なかなか難しいのではないでしょうか。次の言語景観のように，一つの広告の中にもオノマトペは多用されています。このような例を多く収集して，オノマトペの使用場面を分類し（例えば食感に多用されているなど），その効果を考えることは意義のある学習と言えるでしょう。

本書では，皆さんにとって身近な言語景観を通じて，どのような点に注目して日本語を勉強したらよいかを見てきました。加速するグローバル社会の中で，日本はその環境整備に向けた転換期にあると言えるかもしれません。また外国に目を向けても，国際化はますます進んでいくことでしょう。これから世界はどのような変貌を遂げていくのでしょうか。言語景観を読み解くことで日本の，そして世界の未来が感じられるはずです。

参考文献

磯野英治（2010a）「日本海を渡った日本語の言語景観―韓国各都市における現状―」『日本海総合研究プロジェクト国際シンポジウム 世界の言語景観・日本の言語景観予稿集』，富山大学・総合地球環境学研究所，pp. 13-16.

磯野英治（2010b）「日本海を渡った日本語の言語景観―韓国各都市における現状―」『平成 21 年度日本海総合研究プロジェクト研究報告　国際シンポジウム 世界の言語景観・日本の言語景観』，富山大学人文学部，pp. 20-26.

磯野英治（2011a）「韓国ソウルの国際化・多民族化に対応する多言語景観」『日本海総合研究プロジェクト国際シンポジウム 多言語化する「地方」予稿集』，富山大学人文学部，pp. 18-21.

磯野英治（2011b）「韓国における日本語の言語景観―各都市の現状分析と日本語教育への応用可能性について―」『世界の言語景観 日本の言語景観―景色のなかのことば―』，内山純蔵監修，中井精一・ダニエル ロング編，桂書房，pp. 74-95.

磯野英治（2012）「言語景観から読み解く多民族社会―韓国ソウル特別市における外国人居住地域からの分析―」『日本語研究』第 32 号，首都大学東京・東京都立大学 日本語・日本語教育研究会，pp. 191-205.

磯野英治（2013a）「言語景観に注目した社会的背景・地域性の分析と日本語教育への応用」『2013 年度韓国日語日文学会春季学術発表大会予稿集』，韓国日語日文学会，pp. 157-161.

磯野英治（2013b）「言語景観を日本語教育に応用する視点」『日語日文学研究』第 86 集，韓国日語日文学会，pp. 289-302.

磯野英治（2014a）「上級日本語教育における言語景観を活用した社会理解教育」『第 7 回大阪大学専門日本語教育研究協議会 上級レベルの専門日本語教育―理論と実践― 報告書』，大阪大学国際教育交流センター，pp. 33-51.

磯野英治（2014b）「身近にある言語景観を素材とした内容重視の多文化日本語クラス」『2014 年度日本語教育学会秋季大会予稿集』，日本語教育学会，pp. 203-204.

磯野英治（2015a）「日本語教育に活用可能な言語景観の分類に関する考察」『大阪大学国際教育交流センター論集 多文化社会と留学生交流』第 19 号，pp. 35-41.

磯野英治（2015b）「身近にある言語景観を素材とした多文化クラスにおける教育実践」『日本語研究』第 35 号，首都大学東京・東京都立大学 日本語・日本語教育研究会，pp. 193-200.

磯野英治（2018）「言語景観を活用したビデオ教材の制作におけるシナリオについて」『韓国日本語学会第 38 国際学術発表大会予稿集』，韓国日本語学会，pp. 79-82.

磯野英治（2019a）「言語景観を活用した日本語授業の意義・位置づけ・方法」

『韓国日語教育学会 2019 年度第 35 回国際学術大会予稿集』，韓国日語教育学会，pp. 21-23.
磯野英治（2019b）「日本語教育に活用可能な言語景観と教育実践―理論と方法―」，中井精一・ダニエル ロング監修，李舜炯編『都市空間を編む言語景観』，中文出版社（韓国大邱），pp. 183-206.
磯野英治（2020）「多言語景観を活用した日本語教育―教材開発と教育実践について―」『令和元年度 国立国語研究所 日本語教師セミナー 顕在化する多言語社会日本と日本語教育講演集』，国立国語研究所，pp. 15-26.
磯野英治・上仲淳（2014）「大阪道頓堀の多言語景観―外国人に向けた民間表示を中心に―」『日本語研究』第 34 号，首都大学東京・東京都立大学 日本語・日本語教育研究会，pp. 137-144.
磯野英治・上仲淳・大平幸・田中真衣（2015）「大阪日本橋における言語景観と街の成り立ち―電気とサブカルチャーの街の多言語化と地域的特徴について―」『日本語学会 2015 年度春季大会予稿集』，pp. 143-148.
磯野英治・上仲淳・大平幸・田中真衣（2016）「大阪日本橋の多言語化と地域的特徴―電気とサブカルチャーの街の言語景観―」『日本研究』Vol. 41，韓国中央大学校日本研究所，pp. 89-103.
磯野英治・上仲淳・田中真衣（2017）「名古屋の電気とサブカルチャーの街『大須』の言語景観―大阪日本橋との比較研究―」『日本語学会 2017 年度春季大会予稿集』，日本語学会，pp. 179-184.
磯野英治・上仲淳・田中真衣（2018a）「電気とサブカルチャーの街『名古屋大須』の言語景観―大阪日本橋との比較研究―」『日本語研究』第 38 号，首都大学東京・東京都立大学 日本語・日本語教育研究会，pp. 75-83.
磯野英治・上仲淳・田中真衣（2018b）「国際化する大阪道頓堀の多言語景観の経年調査」『日本語学会 2018 年度秋季大会予稿集』，日本語学会，pp. 227-232.
磯野英治・丁美貞・佐々木未華・Anisa Arianingsih・Eka Mahtra Khoirunnisa・Rekha Della Fitrati（2013）「言語景観にみるインドネシアの日本語の現状と役割」『日本語研究』第 33 号，首都大学東京・東京都立大学 日本語・日本語教育研究会，pp. 113-122.
磯野英治・西郡仁朗（2015）「ビデオ教材『東京の言語景観―現在・未来―』の制作と公開」『日本語教育学会 2015 年度春季大会予稿集』，pp. 259-260.
磯野英治・西郡仁朗（2017）「ビデオ教材『東京の言語景観―現在・未来―』の公開と教育実践」『日本語教育』166 号，日本語教育学会，pp. 108-114.
磯野英治・西郡仁朗（2018）「言語景観を活用したビデオ教材の制作における理論的枠組みと内容について」『日本語教育学会 2018 年度春季大会予稿集』，日本語教育学会，pp. 237-238.
磯野英治・西郡仁朗（2019a）「ビデオ教材『言語景観で学ぶ日本語』のシナリオの公開」『日本語研究』第 39 号，首都大学東京・東京都立大学 日本語・日本語教育研究会，pp. 137-148.
磯野英治・西郡仁朗監修（2019b）ビデオ教材『言語景観で学ぶ日本語』，2017 年度～ 2019 年度科学研究費若手研究（B）研究課題番号 17K13490「言語景観を教材とした社会文化的理解を目指す内容重視型日本語教育の研究」（研究代表者：磯野英治）（https://youtu.be/qB0-eSC_yUQ）.
磯野英治・西郡仁朗（2019c）「ビデオ教材「言語景観で学ぶ日本語」の制作と公開」『日本語教育学会 2019 年度秋季大会予稿集』，日本語教育学会，pp. 284-287.
磯野英治・引田梨菜・豊國祥子・李恵・Andina Permatawaty・Astiya Hadiyani・Wistri Meisa・Sustia Fattiska・Rosi Rosiah（2013）「首都東京におけるインドネシア語の言語景観の展開―公共表示・民間表示に注目した事例調査―」『日本研究』Vol. 34，韓国 中央大学校日本研究所，pp. 343-356.
磯野英治・吹原豊・松﨑真日・助川泰彦（2017）「言語景観から読み解く外国人集住都市韓国安山市の諸特徴」『韓国日本語学会第 36 回国際学術発表大会予稿集』，韓国日本語学会，pp. 214-221.
磯野英治・ロング ダニエル（2012）「言語景観の語用論的分析―非母語話者の視点を取り入れた試験的研究―」『日本語学会 2012 年度春季大会予稿集』，日本語学会，pp. 241-246.
上仲淳・田中真衣・磯野英治（2019）「大阪道頓堀の国際化と多言語景観」『ことばと文字』11 号，くろしお出版・公益財団法人 日本のローマ字社，pp. 70-79.
内山純蔵監修，中井精一・ダニエル ロング編（2011）『世界の言語景観 日本の言語景観』，桂書房.
鎌田美千子（2014）「言語景観に着目した漢字テキスト作成の実践と課題―PBL の手法に基づいて―」『日本語教育方法研究会誌』Vol. 21. No. 2，日本語教育方法研究会，pp. 50-51.
甲賀真広（2019）「短期日本語研修における自発的学習を促す言語景観調査」『都市空間を編む言語景観』，ダニエル ロング・中井精一監修，李舜炯編，中文出版（韓国）.
国土交通省 公共交通機関旅客施設のサインシステムガイドブック編集委員会編（2002）『公共交通機関旅客施設のサインシステムガイドブック』，国土交通省総合政策局交通消費者行政課監修，交通エコロジー・モビリティ財団.
庄司博史・ペート バックハウス・フロリアン クルマス（2009）『日本の言語景観』，三元社.
高見澤孟監修（2019）『新・はじめての日本語教育　基本用語辞典　増補改訂版』，アスク出版.
中井精一・ダニエル ロング監修，李舜炯編（2019）『都市空間を編む言語景観』，中文出版社（韓国）.
西郡仁朗・磯野英治監修（2014）ビデオ教材『東京の言語景観―現在・未来―』，東京都アジア人材育成基金（https://www.youtube.com/watch?v=NHV338g_NBo）.
西郡仁朗・黒田史彦・福田寺紫陽・市川紘子（2016）「東京の言語景観と留学生から見た多言語対応状況―2020 年東京オリンピック・パラリンピックに向けて―」『人文学報』第 512-7 号，首都大学東京，pp. 95-111.
吹原豊・松﨑真日・磯野英治・助川泰彦（2017）「エスニックレストランから

見る外国人集住都市の成り立ち―韓国安山市多文化通りのインドネシア料理店の調査を通して見えるもの―」『2017年度異文化間教育学会 第38回大会発表抄録』，異文化間教育学会，pp. 154-155.
吹原豊・松﨑真日・磯野英治・助川泰彦（2019）「韓国安山市の多言語景観調査にみる言語景観研究の現在と可能性」『ことばと文字』11号，くろしお出版・公益財団法人 日本のローマ字社，pp. 21-57.
本田弘之・岩田一成・倉林秀男（2017）『街の公共サインを点検する―外国人にはどう見えるか―』，大修館書店.
正井泰夫（1972）『東京の生活地図』，時事通信社.
松﨑真日・磯野英治・吹原豊・助川泰彦（2016）「韓国における外国人集住都市安山の多言語景観」『2016年度異文化間教育学会 第37回大会発表抄録』，pp. 158-159.
松﨑真日・磯野英治・吹原豊・助川泰彦（2017）「韓国安山市『多文化通り』の多言語景観の特徴とその背景」『日本語研究』第37号，首都大学東京・東京都立大学 日本語・日本語教育研究会，pp. 105-119.
ユール，ジョージ（1987）『現代言語学20章―ことばの科学―』今井邦彦・中島平三訳，大修館書店.
横井幸子（2014）「内容重視の言語教育（CBI）の上級日本語教育への文脈化について」『上級レベルの専門日本語教育―理論と実践― 報告書』，第7回大阪大学専門日本語教育研究協議会，pp. 5-14.
李舜炯（2019）「韓国大邱広域市の日本語の言語景観にみられる言語接触」『都市空間を編む言語景観』，ダニエル ロング・中井精一監修，李舜炯編，中文出版（韓国）.
梁敏鎬（2011）「多言語景観の意識に関する日韓対照研究」『日本語文学』第50集，韓国日本語文学会，pp. 115-130.
ロング，ダニエル（2010）「奄美ことばの言語景観」『東アジア内海の環境と文化』，金関恕監修，内山純蔵・中井精一・中村大編，桂書房，pp. 174-199.
ロング，ダニエル（2014）「非母語話者からみた日本語の看板の語用論的問題―日本語教育における『言語景観』の応用―」『人文学報』第488号，首都大学東京人文科学研究科，pp. 1-22.
Brinton, D., Snow, M. & Wesche, M.（1989）*Content-based Second Language Instruction*. Ann Arbor, MI：The University of Michigan Press.
Inoue, Fumio（2005）Econolinguistic aspects of multilingual signs in Japan. *International Journal of Sociology of Language* 175/176, pp. 157-177.
Met, M.（1991）Learning Language through Content：Learning Content through Language. *Foreign Language Annals*, 24(4), pp. 281-295.
Landry, R. & Bourhis, R.Y.（1997）Linguistic landscape and ethnolinguistic vitality：an empirical study. *Journal of Languages and Social Psychology* 16, pp. 23-49.

あとがきにかえて

本書が世に出るもととなった「言語景観を活用した教育実践」に関する研究は，筆者が韓国ソウルで初めて大学教員となった 2009 年から開始しました。ソウルの街は日本語の言語景観で溢れ，そこには日本では見られないような諸特徴を数多く発見できます。これらを授業で活用する中で，誰にでも身近な日本国内外の言語景観を教育に生かせるということに気づき，基礎的研究と授業実践を積み上げた成果が本書だということができます。そういった意味で，韓国に行くきっかけを作ってくださった東京都立大学（当時は首都大学東京）の西郡仁朗先生，ダニエル・ロング先生をはじめとする先生方，研究仲間の皆さん，韓国中央大学校の任栄哲先生をはじめとする先生方，関係の皆様には感謝しています。

本書には韓国，中国，台湾，インドネシア，オーストラリア，イタリア，フィンランド，そして日本など，世界各国の日本語の言語景観を収集し，分析を行った 10 年間が凝縮されています。本書は基本的には 2017 年度〜 2019 年度科学研究費若手研究（B）研究課題番号 17K13490「言語景観を教材とした社会文化的理解を目指す内容重視型日本語教育の研究」（研究代表者：磯野英治）の成果の一部ですが，本書が出るまでには，2014 年度東京都アジア人材育成基金，2016 年度〜 2020 年度科学研究費基盤研究（B）研究課題番号 16H03436「インドネシア人の L2 習得の対照的研究：日本の外国人技能実習制度と韓国の雇用許可制」（研究メンバー：助川泰彦・吹原豊・松﨑真日・磯野英治），2019 年度〜 2022 年度韓国研究財団一般共同研究事業「韓国と日本の言語景観に関する実証的研究―言語接触・言語教育活用・地域活性化を中心に―」（NRF-2019S1A5A2A03043546）など，様々なプロジェクトの蓄積があります。

この間に学会発表等を行う中で，大修館書店の辻村厚さんが足繁く聞きに来てくださり，今までにない新しいテーマである「言語景観の教育への活用」の価値と実用性に共感してくださいました。研究がまとまってきた時期に辻村さんと出会えたことは良かったと思っています。ありがとうございました。また専門と異なる視点で一通り原稿を読み，アドバイスしてくださった山分俊幸さん，田中綾佳さんにも感謝します。

言語景観は日常生活の中に当たり前のように存在し，見過ごされがちですが，私たちにとって身近な問題を考え，解決をしていくためのヒントを与えてくれます。本書の一貫した願いは，皆さんが本書での言語景観を通じた学びによって「地域や国，社会の言語・文化への理解を備えた国際人」になるための一助となることです。これからもこの本を手にとってくださった皆さんとともに言語景観を見つめ，地域や国，社会の特徴や課題を検討していきたいと思っています。

2020 年 7 月

磯野 英治

[著者紹介]

磯野 英治（いその ひではる）

首都大学東京（現 東京都立大学）大学院人文科学研究科人間科学専攻日本語教育学分野博士後期課程修了。博士（日本語教育学）。韓国中央大学校日語日文学科准教授，大阪大学国際教育交流センター特任准教授を経て，名古屋商科大学国際学部准教授（全学日本語教育プログラム取組・実施責任者）。主な著書に『実践日本語コミュニケーション検定ブリッジ問題集』（監修・共著，ウイネット出版，2017），『ことばと文字』11号（共著，くろしお出版・公益財団法人日本のローマ字社，2019），『自然会話分析への語用論的アプローチ―BTSJコーパスを利用して―』（共著，ひつじ書房，2020）などがある。

言語景観(げんごけいかん)から学(まな)ぶ日本語(にほんご)

NDC810/vi, 152p/21cm

初版第1刷――2020年 9 月 1 日

著　者――磯野英治(いそのひではる)
発行者――鈴木一行
発行所――株式会社大修館書店
〒113-8541　東京都文京区湯島 2-1-1
電話　03-3868-2651（販売部）　03-3868-2294（編集部）
振替　00190-7-40504
[出版情報] https://www.taishukan.co.jp

装丁者――岡崎健二
印刷所――壮光舎印刷
製本所――難波製本

ISBN978-4-469-21381-2　Printed in Japan